虞永平——主编

汪丽 杨帆 卢俊岑——副主编

向儿童学习

家庭反向社会化案例研究

华东师范大学出版社
·上海·

图书在版编目(CIP)数据

向儿童学习：家庭反向社会化案例研究/虞永平主编．—上海：华东师范大学出版社，2023
ISBN 978-7-5760-3931-3

Ⅰ.①向⋯　Ⅱ.①虞⋯　Ⅲ.①儿童教育-研究　Ⅳ.①G61

中国国家版本馆 CIP 数据核字(2023)第 102803 号

向儿童学习——家庭反向社会化案例研究

主　　编　虞永平
责任编辑　刘　雪
责任校对　江小华
装帧设计　俞　越

出版发行　华东师范大学出版社
社　　址　上海市中山北路 3663 号　邮编 200062
网　　址　www.ecnupress.com.cn
电　　话　021-60821666　行政传真 021-62572105
客服电话　021-62865537　门市(邮购)电话 021-62869887
地　　址　上海市中山北路 3663 号华东师范大学校内先锋路口
网　　店　http://hdsdcbs.tmall.com

印 刷 者　上海颛辉印刷厂有限公司
开　　本　787毫米×1092毫米　1/16
印　　张　16
字　　数　226千字
版　　次　2023年7月第1版
印　　次　2023年7月第1次
书　　号　ISBN 978-7-5760-3931-3
定　　价　58.00元

出 版 人　王　焰

(如发现本版图书有印订质量问题，请寄回本社客服中心调换或电话 021-62865537 联系)

绪论　反向社会化是社会发展的必然　1

第一部分　母亲与子女　49

1　向孩子学习　/51
2　"杂学家"妈妈是怎样炼成的　/56
3　深究"为什么"　/59
4　我养育了他，他治愈了我　/63
5　践行儿童立场的前提是承认并相信儿童　/68
6　和孩子一起，成长为更好的自己　/72
7　成长之光　照亮一往无前的我们　/75
8　快乐单双杠　/78
9　我向孩子学勇敢　/81
10　"温柔对待"　/85
11　勇敢的左左　/88
12　善待他人，成就更好的自己　/91
13　毫不纠结地原谅　/95
14　孩子为我打开一扇门　/98
15　优彼敏锐的洞察力　/104
16　我家的环保小卫士　/106
17　调皮捣蛋娃的善良　/110
18　蓬勃地活在当下　/113

19　那些小朋友教会我的事情　/116

20　因为热爱　所以坚持　/120

21　我与孩子相互成就　/123

22　久违的"热情"　/126

23　我的"小老师"　/129

24　我心惊悦——像娜娜一样乐享阅读　/134

25　一起做有意义的事情　/138

26　遇见更多美好——我与孩子的邂逅　/141

27　田野中热爱探索的"小小法布尔"　/147

28　孩子是我的导师　/151

第二部分　父亲与子女　155

1　问渠那得清如许,为有源头活水来　/157

2　谢谢你让我成为父亲——和小螃蟹一起成长　/163

3　和孩子一起成长　/166

4　喜爱故事的女孩　/169

5　"向孩子学习"做一个自我担当和积极进取的人　/173

第三部分　父母与子女　177

1　我被"小太阳"照亮　/179

2　早早的"十万个为什么"　/182

3 孩子教会我"慢慢来比较快" /185

4 在自然中拥抱童年的美好生活 /191

5 小小萌娃,大大能量 /195

6 向孩子学习 /199

7 跟孩子学会表达爱意 /203

第四部分 整个家庭系统及其他社会成员与儿童 207

1 "固执"的小茉莉 /209

2 有自己的喜爱和坚持 /214

3 说说我有多爱你 /217

4 如果爱,就要勇敢地表达 /220

5 我们向儿童学习什么 /224

6 慢悠悠的墨墨 /230

7 保持孩童般的心 /234

8 向儿童学习——不试试怎么知道呢 /237

9 "老车迷"和"小车迷" /240

10 "林间的小孩" /244

后记 249

绪 论

反向社会化是社会发展的必然

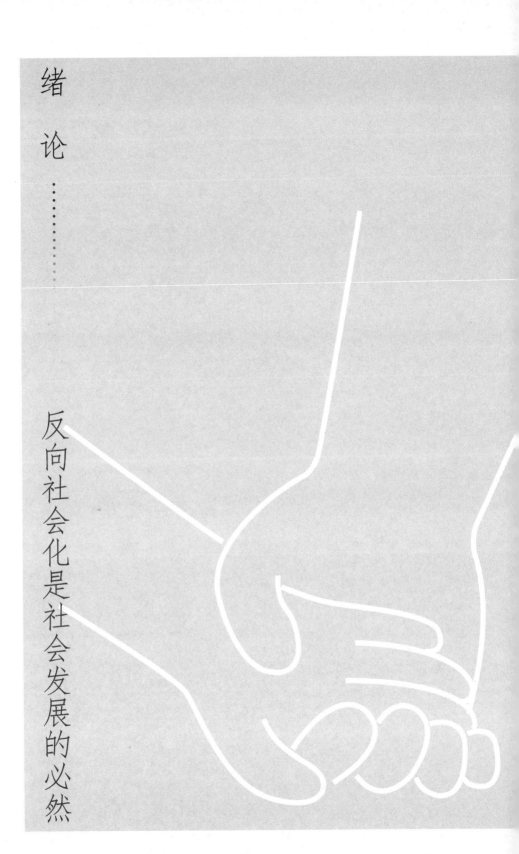

一、社会化的内涵及个体化阶段

(一) 社会化的课题

这里的社会化主要是指人的社会化。除了人的社会化,社会化还有生产社会化、劳动社会化及服务社会化,它们既有凝聚社会力量共同完成任务的意思,也有委托社会力量代办托办的意思。因此,"集约""联合体""服务外包"等都有社会化的意思。人的社会化通常来说是一个由"生物人"成长为"社会人"的过程,并随着社会的发展而不断发展,因此社会化是一个终身的过程。人在年幼时需要从父母和教师那里接受指导,逐步了解家庭、幼儿园、学校、社会生活及其规则,掌握一些社会通行的规则和行为方式,这样他们才能被社会接受并融入社会。到了人生晚年,人对社会生活的理解度也许是深刻的,但敏感度和接受信息的能力发生了衰落。此时,人需要从比自己年轻的甚至年幼的一代人那里得到教益,这便是老年社会化。通过老年社会化,人可以更好地理解和适应当下时代的生活。

任何一个社会的延续和发展,都离不开基本的价值观和社会准则的传递。这是社会发展的基本要求。社会总是要通过多种方式引导各类社会成员了解并遵守这些基本的要求和规则,包括成人学校、老年大学等在内的各类学校教育都具有这种功能。如今,丰富多样的多媒体技术也在提供这种支持,后现代社会化就是在新媒体作用下展开的。在不同的社会里,不同的社会化途径和方式会产生不同的效果,这将影响着社会的存在与发展。

(二) 社会化的内涵

人的社会化是人类发展的基本现象,也是人类发展的一个重大课题。心理学、社会学、文化人类学、教育学、生物学及政治学等学科都在关注这个重大课题的研究。人的社会化就是个体不断接受社会信息、感受社会影响、习得社会规范、形成社会行为并不断适应及融入社会,成为社会成员的过程。个体在社会化过程中最典型的特征就是接受社会文化,既包括社会伦理、价值观、风俗、习惯、传统,也包括科学、艺术等,因此,社会化的过程也是文化化的过程。对当今的老年人来说,重要的是要接受一些科技文化,以便他们可以更好地掌握并使用科技手段来了解世界和融入世界。

社会化包含两方面的含义,一是个人在社会中通过学习、接受教化等各种手段,了解和掌握社会知识、技能、价值标准和行为规范的过程;二是个人积极活动,介入社会生活,参加社会关系系统,对已有的社会经验和社会观念进行再生产和再创造的过程。[①] 因此,社会化过程中,个体并不是完全被动的一方,而是积极作为的一方。个体是进行了建构和再造的。社会化过程是融入了多元主体的,只有各类主体都显现其主体地位和创造的作用,社会化过程才能不断增殖,社会文化才能不断丰富。社会化是让主体(人)在自然熟悉的基础上,不断充实和完善社会属性的过程,而不是让人从"自然人"变成"社会人",因为没有一个"社会人"不具有自然属性,当然也不存在纯粹的"自然人",很多"社会人"的特质已经印刻在人类的基因里,这也是人和动物的重大区别。人的社会化只能是一个后天的学习过程,是基于"nurture"(教养、训练)而不是"nature"(本性天性),是依靠"learning"(学习)而不是"heredity"(遗传)。[②] 这是由人类的特点所决定的。

从社会化过程的意义上来说,接受教育、在学校学习是社会化的重要途径和方式。但不是唯一的方式。身处边远山区,从未见过学校的村民,并不见得是社会化水平极低的。现实社会、生存环境及生活际遇等都可能对人的社会化产生重要的影响。在校学习时间长、有很高的学历、学富五车者,不见得是社会化程度最高的,这里有一个与社会的互动和对知识的内化的问题,将社会规范和知识内化于自身的认知结构与价值体系之中,才是真正的社会化,才是社会化的根本追求。学校教育只是为学习者创造了条件,有效的社

---

① 庞树奇,范明林.普通社会学理论新编[M].上海:上海大学出版社,1998:116.
② 庞树奇,范明林.普通社会学理论新编[M].上海:上海大学出版社,1998:117.

会化不只是关心社会化的内容,还需要在方式、方法上下功夫,需要在知识和规范的运用上下功夫,以真正实现知识和价值观的内化。个体内化的过程体现了个体积极主动的一面。其实,内化过程本身就不是一个全部吸纳的过程,也是一个个人经验与社会经验相互作用,对社会经验进行比较、甄别、取舍、改造和丰富的过程。因此,个体既是社会经验的收纳者,也是社会经验的创造者;既是社会的主体,又是社会的客体;是主体和客体的有机统一。① 厘清社会化过程中包含的各种关系,有助于我们接近社会化的本质,有助于我们理解社会化。

美国社会学家 I.罗伯逊将社会化定位为"人类的婴儿在刚出生时是一个不能自立的有机体。新生儿一无所知,如果没有别人的帮助,连几个小时都活不成……这个生命体必须通过某种方式被改变成一个完全的人,一个能有效投入到社会中去的人。这一改变是通过复杂的社会化过程实现的。社会化就是人们借以获得个性并学会其社会的生活方式的社会相互作用过程"②。从文化人类学的意义上说,社会化就是个体不断接受历代积累下来的社会文化,形成能在特定文化中生存和发展的基本文化习惯与行为。

儿童的社会化从婴儿时期就开始了。成人与婴儿互动,尤其是成人参与婴儿的游戏,是早期社会化的重要途径。婴儿具有惊人的模仿能力,他们可以模仿与他们相处的父母或其他伙伴的行为,在互动中,形成对环境、对关系的理解,并且获得"与他们相互陪伴的喜悦"。由此,这种互动增强了人与人的纽带和家庭关系,并为亲社会行为和自我效能的发展奠定了坚实的基础③。其实,社会文化取向的心理和教育理论都倾向于学习与发展的方式,既是社会的,也是个体的,同时是建构的,而且学习者是学习的主体。维果茨基认为所有的学习和意义都是在与他人的互动中建构起来的。从这个角度来看,儿

---

① 庞树奇,范明林.普通社会学理论新编[M].上海:上海大学出版社,1998:119.
② 黄育馥.人与社会——社会化问题在美国[M].沈阳:辽宁人民出版社,1986:6.
③ [英]海伦·莫勒特.有效早期学习的特点:帮助幼儿成为终身学习者[M].王兴华,杨帆,等,译.北京:北京师范大学出版社,2019:38.

童从出生开始就是主动建构者,而不是被动的接受者①。这说明,社会化是在儿童与他人互动的过程中发生的,在此,他人的重要性是确定无疑的。父母、教师和同伴等是儿童早期社会化的重要影响因素。儿童在与父母、教师和同伴的互动中,在特定的互动情境里,依据特定的行为和问题,观察、感受和理解父母、教师和同伴的语言与行为,并根据自己的需要和原有经验,进行语言和行为的模仿、改进、生发。正是从这个意义上说,儿童的社会化不是简单的模仿和接受的过程,而是一个建构的过程,是与儿童自身的心理交互作用并作出选择和创新的过程。正是从这个意义上说,强制的、灌输的社会化是很难产生真正的成效的,需要为儿童提供有效的互动对象和互动关系,也要让儿童有建构的过程,这样儿童才能成为学习的主人,这种儿童的社会化才是牢固的。

低幼儿童正处于社会化的关键时期,他们的心智有强大吸收力,但需要通过有效的途径和方式,才能主动地去感受和了解这个世界,在互动的过程中,增进对周围的人事物的理解,并内化相应的规则。因此,儿童的社会化不是灌输和训导,而是发生在现实生活之中的切实的生活化。对儿童来说,日常生活尤其是游戏是最重要的生活内容,因此在一日生活的各个环节中,在各类游戏中,与成人和同伴相互作用,是最有效的社会化的途径。对父母和教师来说,与儿童共同游戏,陪伴儿童探索和发现,与儿童共同阅读,共同观察周围的自然和社会环境,共同自由表演或表演儿童喜欢的作品,共同交谈,等等,都是对儿童产生影响并引发儿童自我建构对文化、规则和策略等的理解的重要途径。因此,低幼儿童的社会化是在生活和游戏中进行的,是不断自我建构的过程,环境和活动的改变和挑战,必定会引发儿童社会化的发展和跨越。

社会化对个体融入社会是十分重要的,我们需要深入研究和关注儿童社

---

① [英]海伦·莫勒特.有效早期学习的特点:帮助幼儿成为终身学习者[M].王兴华,杨帆,等,译.北京:北京师范大学出版社,2019:39.

会化的过程。同时,我们也要关注过分社会化的现象。过分社会化是社会化过程中的一种偏差现象,一种只承认同性,完全抹杀个性存在的合理性的社会现象①。因此,社会化是以保持个性发展为前提的,社会化不是要使每个人变得完全相同,这既不可能,也有很大的危害。因此,要端正对社会化的认识,从社会文化和人的共同发展的意义上去推进社会化过程。过分社会化在封建社会出现过,在现实社会的某些文化中也还存在,其根本的特点是无视或忽视个性的发展。过分社会化的对立面不是所谓的社会化不足,而是过分个性化②。"过分"的都是值得警惕的。过分社会化削弱了人的个性,让人处于受控、受压的境地,主体意识不能得到充分彰显,全面发展不能得到真正的实现,而且也会导致一些社会病态。过分个性化则意味着拒斥共同价值和规则,过分强化个人的意愿与价值,这不但使个人难以融入社会,也使个人难以与他人成功相处。过分社会化现象提醒我们:要努力实现社会化与个性化的相得益彰和有机统一。

(三) 个体社会化的阶段

社会化是伴随个体终身的过程。在人生发展的不同阶段,有不同的社会化任务和重点。对个体的社会化阶段,主要是从心理学中个性和人格的意义上加以研究与讨论的。由于个性和人格的发展离不开社会环境和社会生活,因此,往往与个体的社会化紧密相连。也就是说,我们从心理学视角或个性发展视角对个体发展阶段的研究,也能透视个体社会化发展的基本历程。在心理学领域,埃里克森于1950年在《童年与社会》中提出的阶段理论能较好地体现个体社会化发展的基本历程。埃里克森把人格或个性的发展划分为八个阶段③,每个阶段既包含个性化的问题,也包含社会化的问题。

第一阶段:信任对不信任(出生至18个月)。婴儿的目标是建立起对世

---

① 庞树奇,范明林.普通社会学理论新编[M].上海:上海大学出版社,1998:138.
② 庞树奇,范明林.普通社会学理论新编[M].上海:上海大学出版社,1998:139.
③ [美]罗伯特·斯莱文.教育心理学:理论与实践(第7版)[M].姚梅林,等,译.北京:人民邮电出版社,2004:38—40.

界的基本信任感,即充分信任他人以及自己也值得信赖的一种基本感觉。婴儿不仅要让自己的需要得到满足,而且还要尽量满足其母亲的需要。母亲或以母亲身份出现的人必须满足婴儿对事物和爱抚的需要,如果母亲是矛盾的、拒绝的,那么将是婴儿挫败的根源而不是快乐的源泉。如果母亲的行为使得婴儿对周围世界产生不信任感,这种不信任感将伴随着婴儿的童年期,并殃及成年期的发展。

第二阶段:自主对怀疑(18个月至3岁)。大部分儿童在这一阶段学会了走路,并且能充分利用掌握的语言与他人进行交流,他们不再想完全依靠别人。他们试图自己做一些事情,努力达到自主。儿童对权利和独立性的渴求经常与成人的要求相冲突。他们有双重渴望,既想获得父母的支持,又渴望父母放手让自己自主。有些开明的父母允许儿童自由探索、独立地做自己的事情,同时又能够提供及时的指导帮助,这种父母鼓励了儿童自主感的建立。而那些过分严厉和苛刻的父母则使得儿童产生无力感与无能感,使儿童感到羞怯,怀疑自己的能力。

第三阶段:主动对内疚(3岁至6岁)。在本阶段,儿童的动作和言语技能逐渐成熟,这使得他们以更强的进取心和更饱满的精力来探索周围的社会环境与物理环境。3岁儿童的主动性逐渐增强,父母、其他家庭成员或者监护者如果允许儿童跑动、蹦跳、玩耍、滚动和投掷等,那么儿童的自主性将增强。埃里克森认为,深信儿童是一个独立的个体,因而儿童的主动性将增强。那些对儿童的主动探索进行严厉惩罚的父母,会让儿童对自己天性中的强烈需求感到内疚,而这种内疚感将对儿童在这个阶段及后续阶段产生持续的影响。

第四阶段:勤奋对自卑感(6岁至12岁)。儿童进入学校以后,其社会环境得到了空前的拓展。教师和同伴对儿童具有越来越重要的作用,而父母的作用有所降低。处于这个阶段的儿童希望去完成某些事情。成功给他们带来了兴奋的感觉,即对自己以及自己的能力具有良好的感觉。失败则带来消极的自我意象及无能的感觉,这会阻碍他们将来的学习。有时候所谓失败不是真正意义上的失败,只是没有达到自己或者父母、教师等确定的标准。

第五阶段:同一性对角色混淆(12岁至18岁)。"我是谁"成为一个重要的问题。为了回答这个问题,青少年逐步摆脱父母而转向同伴群体。生理上的剧变,加之对未来教育和职业作出选择的压力,使得他们对早期所建立的心理社会统一性产生怀疑,并试图加以重新界定。青春期是一个变化的时期,青少年体验着不同的性别角色、职业角色和教育角色,在此过程中试图发现自己是谁、能够成为什么样的人。这种新的自我同一性,不是对自己以前所扮演的角色的简单汇总;相反,它是一个重新的组合,或者说是"具有天赋性(先前危机的解决)的基本驱力(自我)与机遇(需要、技能、目标、青春期以及成人前期的需求等)的结合"。

第六阶段:亲密对孤独(成年早期)。一旦年轻人知道自己是谁、正在朝着哪个方向发展,那么就开始与他人共享生活阶段。年轻人准备与"同伴、性伴侣、竞争与合作的伙伴"形成一种新的信任和亲密关系,这种关系应当提高双方的同一性,而不是阻碍某一方成长。对于没有找到这种亲密关系或者经历多次失败的年轻人,可能会退缩,产生孤独感。

第七阶段:繁衍对停滞(成年中期)。繁衍是指对养育和指导下一代的兴趣。通常,人们通过抚养自己的孩子获得普遍的关注。然而,这一阶段的危机也可以通过其他的具有建设性和创造性的方式来化解。在这个阶段中,人们应该继续发展,否则会出现"停滞和人际匮乏感",从而导致停滞或自我放纵。

第八阶段:完善感对悲观失望(成年晚期)。在人生的最后阶段,一个人会经常回忆和总结自己一生的活动,解决最终的同一性危机。对自己的成就、失败以及生命的有限性的坦然接受,让人产生一种完满感和完整感,意识到自己的一生由自己负责。个体必须能够面对并接受最终的死亡这一事实。那些对自己的生活方式以及目前生活现状感到遗憾的人,很容易产生悲观失望的危机。

(四) 儿童社会化的内容和途径

除了关于心理与社会化的同一性的研究外,一些心理学家还研究了个体道德发展的水平和阶段。如皮亚杰、科尔伯格等。

1. 皮亚杰的研究

皮亚杰认为,随着认知能力的发展,道德发展也是按预定的阶段进行的,从一个非常自我中心的道德推理阶段发展到以合作和互利为基础的公平系统阶段。[①]

皮亚杰把道德发展的第一阶段称为他律道德阶段,意味着服从他人施加的规则。他律道德的主要表现者是年幼者。他律道德阶段的主要特点是:①基于强制关系,例如儿童完全接受成人的指令。②反映于道德现实主义的态度中:把规则看作不可改变的要求,来源于外部,具有权威性,不可协商;完全服从于成人或认为规则是对的。③根据行为的客观形式和结果来判断什么是不好的;成人所做出的决定就是公正的;武断的、严厉的惩罚被公认为是公正。④过错必定要受到惩罚;公正被看作是必然的。

第二阶段为自律道德阶段,意味着在与同伴合作中制定和执行规则。自律道德的主要表现者为年长者。自律道德阶段的主要特点是:①基于自主的和个体间的平等合作与相互认同的关系,正如相互平等的个体之间的关系。②反映于理性的道德态度之中:把规则看成是彼此都认可的结果,是可以协商的,能被个体接受并得到普遍认同的才是合法的;与合作的要求以及相互尊重的原则相一致的行为方式就是对的。③根据行为者的意图来判断什么是不好的;平等地对待或者考虑个体的需要才是公正的;根据对过错行为的惩罚的适当性来判断其公正性。④惩罚受到人们意图的影响。[②]

---

① [美]罗伯特·斯莱文.教育心理学:理论与实践(第7版)[M].姚梅林,等,译.北京:人民邮电出版社,2004:38—41.
② [美]罗伯特·斯莱文.教育心理学:理论与实践(第7版)[M].姚梅林,等,译.北京:人民邮电出版社,2004:41.

2. 科尔伯格的研究

科尔伯格通过道德两难问题研究了儿童和成人对于规则是怎样推理的。他把个体道德发展区分为前习俗水平、习俗水平和后习俗水平三种水平,每种水平又分为两个阶段,共六个阶段。各水平和阶段的具体情况如下。

(1) 水平一:前习俗水平,规则是由别人制定的。它分为惩罚和服从取向、相对功利取向两个阶段。

第一阶段:惩罚和服从取向。行为实际后果决定了行为的好与坏。

第二阶段:相对功利取向。任何能够满足自己的需要或偶尔满足他人的需要的行为都是对的。公正和互惠的成分有所体现,但是他们主要按照"你碰我,我就碰你"的方式来解释。

(2) 水平二:习俗水平,个体接受规则,有时使自己的需要服从于群体的需要。不管直接的、明显的结果是什么样的,家庭、群体或国家的期望都被看作是有价值的。它分为"好男孩—好女孩"取向、遵守法律取向两个阶段。

第三阶段:"好男孩—好女孩"取向。良好的行为就是取悦于他人或有助于他人的行为,以及被别人认可的行为。通过寻求认可而赢得别人的赞赏。

第四阶段:遵守法律取向。尽义务、尊重权威、维护既定的社会秩序等,都被认为是对的。

(3) 水平三:后习俗水平,人们根据自己选定或遵守的伦理规则来界定自己的价值观。它分为社会契约取向、普遍伦理取向两个阶段。

第五阶段:社会契约取向。好的行为往往是根据个人的一般权利和整个社会所认同的标准而界定的。与第四阶段不同,不再认为法律是"冻结的";相反,为了社会的利益,认为法律是可以改变的。

第六阶段:普遍伦理取向。好的行为是由自我选定的道德准则、个人的良心而决定的。这些准备是抽象的、伦理的,而不是具体的道德指令。

总之,个体社会化发展是复杂的,不同层次的社会化都有不同的发展过程和阶段。这些阶段对我们理解个体社会化的历程是很有意义的。

二、社会化的内容和途径

(一) 社会化的内容

人在社会化过程中要了解和学习各种不同的社会角色,逐步形成自己的政治观点、道德观念、价值标准和性别角色等。因此,社会化的内容很广泛,涉及政治社会化、道德社会化、两性角色社会化和再社会化等内容。[①] 不同的学派对社会化内容的侧重点的认识是不完全一致的,但从总体上看,有一些共同的和基本的社会化内容是大部分学派都在关注着的。在此,我们主要从以下三个方面讨论社会化的内容。

1. 内化社会价值,传递社会文化,践行基本规范,形成良好习惯

内化社会价值是社会化的主要内容,它决定了社会化的基本方向。无论是家庭、教育机构还是大众传媒都在直接或间接地传播着社会的基本价值观念。如我国倡导富强、民主、文明、和谐,倡导自由、平等、公正、法治,倡导爱国、敬业、诚信、友善,并积极培育和践行社会主义核心价值观。这些观念在不同的人群中,以不同的方式、借助不同的媒介、以不同的侧重点,直接或间接地传播着。《幼儿园保育教育质量评估指南》指出:"全面贯彻党的教育方针,落实立德树人根本任务,坚持保育教育结合,将培育和践行社会主义核心价值观融入保育教育全过程,注重从小做起、从点滴做起,为培养德智体美劳全面发展的社会主义建设者和接班人奠基。"这就是落实社会主义核心价值观在幼儿园中的要求。每个社会,除了核心价值外,还有很多的价值观念,有些观念可能还存在区域性和行业性。社会价值是一个丰富的体系,需要针对不同年龄段的人群,有目的、有组织、有计划、系统地加以传播。通过各种有效的传播方式,让社会成员真正了解、理解和认同这些价值,并转化为自己的言行。

每一个社会在长期发展的过程之中,都形成了特定的社会文化,这是社

---

① 黄育馥.人与社会——社会化问题在美国[M].沈阳:辽宁人民出版社,1986:145.

会得以延续和发展的重要条件，也是人们生活的现实支撑。每一个国家和民族都将文化的传递作为重要的社会任务，甚至作为重要的教育内容，以确保国家和民族得到发展与繁荣。一个国家和民族有共同的和基本的社会文化，也有区域性的、民族性的文化，甚至是行业性的文化。它们从整体上组成了社会文化体系。这个文化体系是通过教育机构、社会劳动、日常生活、风俗习惯等方式加以传递的，代代相传，并不断创新和发展。

社会内在价值和社会文化最终将凝聚成一些基本的社会规范。这些社会规范是具体的、可操作的，将直接指导人们的行动方向。不同的机构、不同的行业，包括家庭生活，都有具体的规范。社会化的重要内容就是要了解、理解、认同和践行这些规范，甚至要参与规范的确立和完善，以更好地执行规范，并逐渐形成符合社会价值和社会文化的行为习惯。也就是说，社会价值和社会文化最终是要通过规范的执行而落实到具体的行为之中的。

2. 掌握社会技能，理解社会角色，明确社会义务，履行社会职责

人要适应社会、在社会中生存和发展，就必须掌握基本的社会技能。人的社会技能从生活技能开始，逐步转向交往、组织、协调等更丰富的技能。人类个体出生后，具有发展的潜质，但缺乏独立生存的能力，需要有很长的依赖期。与很多灵长类动物相比，这似乎显得有点"弱"。然而，依赖并不是消极的，正是人类早期的依赖性才让人类具有了可塑性。人类早期学习的重要内容之一就是各种技能，如生活技能、交往技能、表达自己愿望的技能等。这些技能对个体的发展非常重要。随着个体的发展，需要的和能掌握的社会技能将会越来越丰富。

个体在不断掌握技能的同时，也在不断承担着新的角色。个体总是生活在特定的生态环境之中的。美国生态心理学家布朗芬·布伦纳在他的《人类发展生态学》一书中，把人类直接生活的环境称为微观环境或直接环境。在这个环境里，有三个基本的元素：角色、活动、人际关系。个体承担的角色越丰富，与他人的关系也就越丰富，参与的活动也越丰富。其实，人就是依赖着这三个要素的关系，不断拓展自己的生活空间，不断丰富自己的角色和人际

关系,不断参与社会生活活动,不断获得新的发展。

个体承担的角色越丰富,需要承担的角色义务越丰富,肩负的社会责任也越多样。因此,角色承担是个体发展的表现,也是个体承担责任的表现。个体就是在不断承担角色、不断承担责任的过程中,去迎接挑战、克服困难、不断进步。从幼儿园中的值日生、气象观察和记录员,到小学的组长、课代表,再到中学的社团负责人,个体的每一个角色都被赋予了相应的责任,也给予了个体发展的机会。

3. 参与社会生活,深化社会交往,完善自我概念,促进个性发展

人的发展需要角色承担,角色承担的本质是参与社会生活,与他人相互作用,履行社会责任。随着个体的发展,其参与的社会生活越来越丰富和广泛。从幼年时以家庭为主,到各层次的教育机构,再到进入丰富的社会职业部门,个体的生活范围不断拓展。生活是个体发展的现实基础。个体在社会生活中,可更好地内化社会规范、提升社会技能、促进社会交往、满足社会需求、实现新的发展。

个体参与社会生活的功能是多向度的。它除了让个体更好地适应社会之外,也让个体更好地确立和完善自我概念,更好地实现个性的发展。自我概念是在交往中形成的,因此,参与社会生活、扩大社会交往对个体自我的发展至关重要。与不同的人,在不同的情境中,面对不同的问题,进行多样化的交往,这对个体强化自我意识、实现自我监督、完善自我概念具有重要的作用。个体要接触广泛的社会生活,不断加深社会认知,丰富社会情感。《幼儿园保育教育质量评估指南》指出:"注重幼儿良好品德和行为习惯养成,潜移默化贯穿于一日生活和各项活动,创设温暖、关爱、平等的集体生活氛围,建立积极和谐的同伴关系;帮助幼儿学会生活,养成自己的事情自己做的习惯,培育幼儿爱父母长辈、爱老师同伴、爱集体、爱家乡、爱党爱国的情感。"因此,个体参与社会生活的最终目的是增进情感,内化认知,丰富行为。

个性一方面是指人的个性倾向,即人对社会的态度和行为的积极特征,如需要、动机、兴趣、观念、态度、习惯等;另一方面是指个性心理特征,即人的心理特点的某些独特的结合,如能力、气质、性格等①。个性的形成离不开遗传和生理因素的作用,更离不开社会实践过程。个性是个体不断成长的动力和基础,也是个体创造力的源泉。承认个体发展的差异性是现代心理学和教育学的基本立场,也是社会化的现实基础。社会化不是要让所有的人都变成一个样子,都成为规范下的"标准件",而是鼓励不同的个体在内化和遵守社会基本准则的同时,从自身的生活出发,充分发挥自己的主动性、积极性和创造性,充分挖掘自己的潜能。个体从自身的现实出发,选择适宜的途径和方式,真正实现富有个性的发展。正是从这个意义上说,社会化追求的是共性与个性的统一。

(二) 社会化的途径

一般认为,社会化的途径是多种多样的,主要包括家庭、教育机构(幼儿园、学校)、工作单位、同伴群体、大众传播媒体等。在此,我们主要针对年幼儿童的社会化,讨论家庭、教育机构和社会(社区生活和大众传媒等)三大途径。这三大途径是相互联系的,需要积极协同,密切配合。

1. 家庭的社会化

家庭在个体成长过程中起着极其重要的作用,尤其是对年幼儿童来说。家庭是儿童出生后面临的第一个社会环境,儿童生活于其中并深受其影响。由于儿童早期生活能力弱,对成人有很大的依赖,并与父母又有天然的联系,因此,父母对他们的影响非常大,也非常有效。父母对儿童的社会化起着举足轻重的作用。儿童对社会生活的基本规则、行为礼仪、道德规范等是在家庭生活中得到启蒙和践行的。家长自身的言行和对儿童的教育意识直接决定了儿童社会化的方向和水平。美国社会学家伊恩·罗伯逊认为,家庭之所以重要,原因之一是在关键性的生命早期阶段,是由它来主要负责儿童的社会化的。儿童正是在家庭中建立起其最初的亲密的感情联系,学习语言,并

---

① 郑杭生.社会学概论新修[M].北京:中国人民大学出版社,1994:126.

开始将文化规范与价值标准内化①。因此,家庭是人类个体早年社会化的理想场所。在现实的家庭生活中,父母无论有意或无意,都会存在着家庭社会化过程。如果父母有目的地与孩子互动,注重经常性的平等对话,给孩子讲故事,跟孩子讨论影视作品,跟孩子一起选择玩具和图书等,那么孩子社会化的效果会更加明显。

家庭社会化也受到家庭的文化传统和父母长辈的文化水平及教育观念的影响。这种影响主要包括两个方面:一是父母的教育意识的影响。不同父母的教育意识是有差异的。有些父母对儿童的关注主要集中在物质和生活上,确保儿童吃好穿好,对儿童的行为习惯、心理需求关注比较少,与儿童之间缺乏经常性的、参与性的和情境性的深入交流,不能充分帮助儿童解决在生活中遇到的问题和困难。还有些父母则更关注规则、行为等方面对儿童的影响,注重进行规则、行为等方面的引导、鼓励和帮助。二是父母自身的行为和规则意识的影响。在这方面,父母之间也是有差异的。有些父母可能非常注意自己的言行对儿童的影响,努力做儿童的表率,自己遵守基本的家庭伦理和社会公德,时时处处给儿童正面的榜样和引导。还有些父母的观念和行为本身就不正确,经常给儿童负面的示范或暗示,或者经常用不正确的方式处理跟儿童的关系,经常让儿童处于消极和对立的情绪状态中。儿童如果缺乏对正确观念和行为的体验与践行,那么在其社会化过程中可能会出现认知、情感和行为上的扭曲。这将会导致儿童在教育机构的社会化和社会的社会化中出现问题。从这个意义上说,儿童家庭社会化非常重要,需要家长提高自身的素质,尤其是教育意识,让家庭真正成为儿童社会化的重要且积极的起始环节,为儿童进一步的社会化打好基础。

家庭社会化功能的正确发挥对儿童早期社会化的过程和结果都将产生重要的影响。父母的社会化水平和教育意识均起着十分重要的作用。因此,加强家庭教育的指导,使家长树立正确的教育观念,并掌握与儿童互动和引

---

① 庞树奇,范明林.普通社会学理论新编[M].上海:上海大学出版社,1998:123.

导儿童社会化的正确方法是十分重要且必要的。

2. 教育机构的社会化

教育机构是儿童社会化的重要阵地,也是专业性的社会化机构,它有明确的任务和责任,并通过特定的课程和教学加以落实。一般来说,国家所确定的培养目标,明确提出了儿童社会化的基本要求,继而颁布课程大纲和标准,将社会化要求融入其中,并通过系列的课程、系统的教学及多样化的活动加以落实。教育机构社会化与家庭社会化的最显著的不同就是其目的性和课程化。教育机构的教育是有目的、有计划地影响儿童的活动,这些目的和计划体现在具体的课程与教学之中,通过引导儿童感受、体验、讨论、实践、反思等方式,内化社会化的要求。因而,教育机构社会化具有更强的专业性、针对性,也有更好的效果。

教育机构社会化的专业性还表现在教师身上。教师是经过专门训练的专业人员,具有基本的专业素养。教师能更好地观察、理解、应对儿童的需要和问题,能对社会化的基本要求进行教学法的加工,并将基本的要求转化为游戏、表演、劳动、调查、讨论等具体的方式,让儿童在特定的情境中进行学习和感悟。另外,教育机构的生活本身就是社会化的过程,一方面体现了教师和儿童的民主和协商,互动和交流;另一方面,也体现了命令和服从,规则和纪律。这两个方面共同组成了教育机构社会化的基本要求。教师既是学校和班级秩序的重要维护者,也是儿童的重要监护者和引导者。可见,教师在儿童社会化的进程中发挥着不可替代的作用。

幼儿园是面向3—6岁儿童的教育机构,它与学校有共同之处,也有很大的差异。3—6岁儿童的身心发展水平决定了他们不是以书面文字符号作为主要学习内容的,他们的学习主要是通过多样化的活动,调动多种感官,从而获得多样化的经验。因而,幼儿园的社会化过程是具有行动性的、情境性的和经验性的。教师对幼儿园课程的规划和实施在儿童社会化过程中起着非常重要的作用。幼儿园必须采用体验性的、游戏化的社会化方式,以促进儿童的社会化成长。

社会化其实就是个体获得社会经验,或者将社会经验转化为个体的经验的过程。这种转化在不同年龄段有不同的表现。对于幼儿园的儿童来说,社会化过程就是生活过程,儿童是在各种具体的活动中,在与包括教师在内的他人相互作用的过程中,接受和理解社会经验的。成长意味着用我们的关系帮助儿童与我们自身的发展,我们接近孩子,帮助他们解答疑难。因此,这是一个教师与儿童相互作用的过程。

幼儿园的社会化中还有一个方面是值得关注的,那就是同伴间的同辈群体社会化。儿童来自不同的家庭,生活和文化背景各不相同,因此,言行举止也存在一定的差异。同伴群体最容易产生相互的影响,如儿童产生的对图书、玩具、动画片等的爱好大多是受到了同伴的影响。有些父母发现,原来不爱阅读的孩子能坐下来阅读了,并且能把故事讲给父母听。如果仔细了解,就会发现在这种变化中,同伴起着非常重要的作用。当然也有些家长会发现,本来不会说脏话的孩子在幼儿园学会说脏话了。只要班上有一个儿童会说脏话,那么很容易影响其他儿童,这是因为儿童判断是非的能力还不强,具有很强的模仿性。因此,我们要充分把握同伴间相互影响的特点,及时消除消极影响,鼓励和促进积极影响,让同伴更好地发挥社会化的作用。

幼儿园的社会化功能体现在幼儿园保育和教育的全过程中。无论是生活照料,还是课程教学都是社会化的重要途径。儿童一日生活中的每一个环节都有机会让儿童获得社会经验。儿童日常生活的基本秩序和作息时间表,既蕴含着人们的生活智慧,又兼顾了儿童的发展特点和需要。日常生活中的很多日用品及其使用、各种关系的处理、各种规则的践行,都是儿童社会化的重要契机。因此,在生活中实现社会化是幼儿园社会化的重要特点。

3. 社会的社会化

社会的社会化功能主要体现在社区生活和大众传媒两个方面。社区生活是广泛的、开放的,而大众传媒是超越时空的、无所不在的。家庭和教育机构都有可能与社区生活和大众传媒产生联系。从这个意义上说,社会化的各个途径是相互交融、相互影响的。

社区生活是指儿童自己或随家长、教师进入社区，与社区的人员、机构或设施等产生联系、发生互动，进而产生影响的过程。如儿童随家长进入商店或其他社会服务机构，接受服务，亲历交谈，观察言行举止，感受氛围，这就是社会化的过程。教师也可能带领儿童走进社区，宣传环保理念，听取居民心声，感受社区环境，参与社区劳动等。因此，社区生活的内容是丰富多样的。无论是家庭还是教育机构，都应该有意识地带领儿童走进社区，参与社区活动，共创社区环境，感受社区氛围。或者也可以将社区中的相关人员请进教育机构和家庭，尤其是请进教育机构，让儿童感受优良作风、优秀文化、优美作品、民间工艺等。因此，感受社区生活应该是双向的。

社区生活不同于教育机构的生活。社区生活的多样性既体现了丰富性，也体现了复杂性。社区生活中有正面的观念和行为，也有反面的观念和行为；有积极向上的人与事，也有消极和反社会的人与事。因此，我们对社区生活需要进行选择，需要经过价值过滤，尤其对尚缺乏判断力的低幼儿童更应如此。所以，无论是家庭还是教育机构，对社区生活既要高度关注、积极利用，也要精心选择、择善而从，以避免儿童受到不良环境和事物的影响。此外，由于儿童生活在现实的社区环境中，我们不可能将儿童完全隔绝在"真善美"的世界里，儿童总是有可能受到一些消极的和不良的影响。作为家庭和教育机构，要通过讨论、对比、启发和引导等方式，帮助儿童正确对待这些现象和事实，帮助儿童逐步形成判断力和是非观，这也是社会化的重要途径。

如今，大众传媒已经充斥现代生活。在儿童的生活中，除了图书和电视外，网络、手机、电脑等现代媒体的作用在不断扩大。可以说，当今的儿童的确是生活在一个数字化的环境里。很多儿童已经形成了对数字媒体的高度敏感，部分儿童可能已经形成了对数字媒体的高度依赖。很多家长与儿童之间的冲突竟然是关于数字媒体内容选择和使用时间的冲突，这是新时代的新问题。

大众传播媒体的确是超越了时空，可以让儿童关注过去和未来，可以关注一个过去无法想象的广阔世界。当今的儿童可以通过数字媒体关注身体和视觉无法真实到达的一切地方,从祖国的大江南北、长城内外,到世界的每一个角落;从深海的奇妙世界,到广袤的神秘太空。一切变得如此感性和具体,动态和丰富。这为儿童的教育机构学习和家庭生活带来了无限的资源。因此,从对世界的认知而言,当今的儿童得到的信息更丰富、更广泛。数字资源的利用也创新了教育机构的教和学的方式,如远程教学、优质课线上传递、与科学家视频对话、线上博物馆等,为教育开辟了广阔的空间。这一切也使儿童的社会化增加了新的内容和方式,进一步扩展了儿童社会化实践的模式。

同时我们也要看到,电子设备对儿童视力和心理带来的一些负面影响。近些年来,很多学者都在研究这一问题。国家对儿童使用电子产品的问题也提出了明确的意见。从社会化的意义上说,大众传媒的负面影响也要高度关注。在一个自媒体高度发展的社会,很多媒体信息没有经过严格的审查,使得很多成人的信息进入儿童世界,甚至有些错误的媒体信息进入儿童世界,这对模仿力强、缺乏价值判断能力的低幼儿童来说是最容易产生消极影响的。如有些动画片中出现的暴力倾向,儿童很可能进行模仿。因此,媒体信息分级是必要的,对自媒体信息进行儿童适宜性过滤也是必要的,对不良信息的纠错和批判更是必要的。

三、现代社会的发展和反向社会化

(一) 现代社会的发展

如今,我们已经进入了一个新的时代:知识迭代更新的速度日新月异,大数据、人工智能等新一代信息技术飞跃发展,它们深刻改变着人们的生活方式、交往方式、学习方式和工作方式。在这个时代里,成年社会成员都在不同程度上产生了知识更新的紧迫感,意识到只有不断拓宽学习的视野和疆域,才能适应时代的要求。知识更新周期是指知识更新一次所用的时间,是衡量世界总体发展速度的重要指标。随着社会的发展,知识更新周期越来越短。联合国教科文组织曾经做过一项研究,结果发现:信息通信技术带来了人类知识更新速度的加速。在 18 世纪,知识更新周期为 80—90 年;在 19 世纪至 20 世纪初,缩短为 30 年;在 20 世纪 60—70 年代,一般学科的知识更新周期为 5—10 年;到了 20 世纪 80—90 年代,许多学科的知识更新周期缩短为 5 年;而进入 21 世纪时,许多学科的知识更新周期已缩短至 2—3 年。因此,不断学习是成人社会化的必然方式。

随着时代的发展与知识更新速度的加快,社会化也呈现了新的样态。在传统社会,年长一辈在知识、信仰、价值和规范方面与年轻一代具有落差优势,因此主要是年长一辈向年轻一代传递知识、信仰、价值和规范,这常被视作是正向的传递,是正向社会化。在现代社会中,年轻一代知识越来越丰富,越来多样化,在某些方面年轻人掌握的知识更多,与年长一辈形成倒差,因而是年轻一代向年长一辈传递先进的知识和文化,这是反向的传递,即反向社会化。在一个现实的社会中,往往是正向社会化和反向社会化共存的,因而社会化是双向的。如果考虑年龄阶段、阶层、群体、职业等因素,我们能看到,社会化其实是多向的、交叉的和复杂的。双向的社会化各有其价值:正向社会化能确保基本社会文化核心的传递,对社会的稳定和发展至关重要;反向社会化是知识和文化的超越与创新,是社会发展的重要动力之一,也是年长一辈实现自我更新所需要的。这与美国著名人类学家玛格丽特·米德所提出的"三喻"文化模式是部分相通的。米德在《文化与承诺:一项有关代沟问题的研究》一书中提出的前喻文化是指晚辈主要向长辈学习;并喻文化是指晚辈和长辈的学习都发生在同辈人之间;而后喻文化则是指长辈反过来向晚辈学习。[①] 由此可见,后喻文化就是反向社会化的过程,是文化代沟得以消弭的过程,也是文化得以丰富和创新的过程。

(二) 反向社会化

沃德于 1974 年在《消费者社会化》一文中提出了反向社会化的概念,将

---

① [美]玛格丽特·米德.文化与承诺:一项有关代沟问题的研究[M].周晓虹,周怡,译.石家庄:河北人民出版社,1987:7.

其定义为"孩子可能影响他们父母的与消费相关的知识、技能和态度的过程"[①]。此后,反向社会化这一术语被广泛采纳。泽里洪·多达在其《社会学概论》中,将反向社会化定义为"社会化的主体(例如父母)需要被其所对应的社会化客体(例如孩子)进行社会化的过程"[②]。他认为反向社会化是包含两种方式的进程,一是社会化的主体向客体的主动学习过程,二是来自社会化客体的影响和压力对于社会化主体的态度和行为有着直接或间接的影响。贝尔在《再释社会化研究中的影响方向》一文中提出了儿童与家长关系的"双向模式",被认为是研究反向社会化问题的先驱之作。源于反向社会化的文化反哺是在急剧变迁的社会中所发生的,是年长一辈向年轻一代进行广泛文化吸收的过程。米德指出,后喻文化,即由年轻一代将知识文化传递给他们生活在世的前辈的过程。后喻文化是一种不折不扣的反向社会化。[③] 随后在社会学等领域,不同的学科学者对文化反哺进行了多方面的探讨。年轻一代对于新鲜的事物有着超强的适应能力,在与同辈交流中,获得了"反哺"的能力。"文化反哺"改变了原有的亲子关系,在增加孩子决策参与权的同时,也增强了家长的社会适应能力。

只要是年轻一代对年长一辈产生行为、观念等方面的影响,都属于反向社会化。真正早期的反向社会化研究却主要聚焦于婴幼儿对父母的影响。贝尔等人认为,尽管孩子对父母的影响已经引起了研究者的关注,但是关于"孩子影响父母"的研究几乎主要集中在婴儿以及童年早期。研究的内容主要为孩子影响父母的家庭空间的使用、父母的动力模式、养育习惯和行为、性行为、家庭成员交流行为、父母的个性等。研究大多为孩子对父母行为层面影响的探讨,对于父母观念和态度影响的研究较少。[④]

[①] Ward S.. Consumer Socialization [J]. *Journal of Consumer Research*, 1974(01):1—14.
[②] 康顺利.国外家庭反向社会化研究述评[J].青年学报,2019(01):55.
[③] [美]玛格丽特·米德.文化与承诺:一项有关代沟问题的研究[M].周晓虹,周怡,译.石家庄:河北人民出版社,1987:8.
[④] 康顺利.国外家庭反向社会化研究述评[J].青年学报,2019(01):56.

因此，反向社会化首先表现为下一代对上一代知识上的优势和传递。知识激增和科技发展的时代变革反映在人们的社会生活中，意味着我们已经进入了一个稍有停歇就可能落伍的时代。可见，终身学习已经成为名副其实的"刚需"。今天的电视、网络等其他自媒体的制作人大都是年轻的一代，他们所拥有的技术和理念很可能是很多年长者所不具有的，他们传递的信息代表了这个时代的潮流，往往与国际接轨。因此，"补课"对很多成人来说是非常必要的，很多价值观、知识和能力都可能受到年轻一代的影响。从文化人类学的意义上说，这就是子代对亲代的文化反哺，因此，反向社会化也就具有后喻文化的特征。由此可见，后喻文化是一种典型的以年轻一代为核心的文化现象，是文化要素从青年一辈向长辈进行传递的过程，同样也可以将其认为是一种长辈获得青年一辈文化的行为。

反向社会化不只是下一代对上一代知识上的优势和传递。当前社会发展的一个特点是"初心"的丧失。价值观偏移、缺乏信仰、浮躁世俗、淡化本真、法度松懈等，都是过度物化和势利的社会风尚带来的不良结果。这样，成人的观念、行为很可能与正在接受基础教育的儿童之间产生落差。儿童还处于纯粹的"赤子之心"的时代，他们"眼睛里容不得沙子"，看不惯社会陋习，他们有发现"皇帝新装"的眼睛，他们总希望用最真诚的认识去感染和改变成人。成人也经常把儿童当作"镜子"，不断从儿童的言行中"照见"自己，透视自己的心灵。这就是反向社会化在另一种道义和心灵上的推动力量。

由此可见，反向社会化并不是所有时代的共同话题，而是现今时代面临的突出课题。一般认为，社会化就是一个从成熟一代、年长一辈向稚嫩一代和年幼一代传递文化、习惯与行为的过程，因而是一个单向的过程。随着社会的发展，人们越来越发现，社会化过程是双向的，甚至是多向的。反向社会化是指由年轻一辈将知识文化和价值规则传递给年长一辈的过程，是与社会化过程相反的过程。反向社会化并不是人类社会一产生就具有的，而是只有当知识总量和更新速率达到一定的程度才会产生的。在现代社会中，反向社会化跟社会化一样，是推动社会成员进步和发展的重要力量，尤其是推动成人不断适应社会的重要力量。

对3—6岁的儿童而言,他们有可能在知识、动手能力、对客观事物的敏锐度等方面比成人有一点优势,但成人还是具有更明显的其他优势。因此,知识方面的反向社会化会产生,但应该不是重点。由儿童心灵世界特有的光辉所带来的精神上和心理上的反向社会化,才是年幼儿童对长辈产生影响的主要方面。

反向社会化跟儿童的社会化一样,是互动和建构的过程,而不是一个说教的过程。反向社会化也是在特定的生活和社会情境下,面对特定的问题和需要,在成人把儿童的"优势"与自己的"匮乏"对照下而逐步建构起来的。相对而言,现代科技类的生活能力的反向社会化更多的是教和学的互动过程;观念和行为的反向社会化往往是一个思想碰撞甚至矛盾冲突的过程,是一个反思和变革的过程。比如,一个4岁女儿让父亲戒掉抽烟的习惯,说了抽烟会危害健康,并且浪费钱,还提供了图书作证据。女儿还要求父亲不能在家里抽烟,不然会让大家都抽二手烟,对大家身体都不好。女儿的话可谓句句在理。但一个父亲在女儿4岁时还在抽烟,要戒烟的话是有一定难度的。然而,女儿是下定了决心要帮助父亲戒烟的。从不在家抽烟开始,这场"交锋"的根本不是知识多寡的问题,而是习惯、价值观、爱等心理和思想层面的问题。我们很高兴地看到了一些年幼子女劝导父母戒烟成功的案例,从这些案例里,我们可以想象反向社会化的艰难历程,可以发现成人改变自己的心路历程。

四、反向社会化的研究

关于反向社会化的理论研究是较为丰富的,尤其是在西方社会学领域。当前对反向社会化的研究,主要涉及反向社会化的内涵、内容与表现、成因、价值与意义等方面。关于反向社会化的内涵,在上文中已有介绍,在这里主要阐述关于反向社会化的内容与表现、成因、价值与意义方面。

（一）关于反向社会化的内容与表现

反向社会化现象究竟出现在哪些层面？综合相关研究来看，如今的晚辈对长辈的影响是全方位的，不仅涉及文化的表层（日常行为或器物层面），还包括生活态度和价值观等方面。①

1. 日常行为层面

在日常行为层面，孩子对父母的影响比较弥散，涉及日常生活的各个方面，主要包括消费行为、与健康和环保有关的行为、休闲和娱乐行为等。

首先，在消费行为方面，国外的相关资料比较丰富，有关反向社会化的研究也最早在消费领域兴起。孩子们不仅会向父母传递消费信息，也会在一定程度上影响父母的消费方式和消费观念，孩子们在家庭中往往会扮演着"弄潮儿"的角色，②不知不觉地影响家庭生活。在传递消费信息方面，孩子们表现得相当活跃。有研究者通过访谈发现，孩子们源源不断地向父母输送有关消费品的种类、款式、品牌、特性、价格等方面的信息，如有家长提到"家里关于新上市的各种食品的知识基本上都来自孩子"③。在消费方式方面，孩子们起到了先导的作用。研究发现，消费推荐、观察学习和共同购物是反向代际影响的三种主要作用方式，在晚辈的带领下，长辈们线上购物的意愿大大增加。④ 在消费观念方面，一些父母会在孩子的影响下更新消费观念，习得关于长期消费观念、可持续性消费（低消耗、低物化）等消费理念，并付诸实践。⑤

其次，在与健康和环保有关的行为方面，孩子们也在发挥着自身的影响力。在健康方面，有证据表明，孩子们能够帮助家庭成员养成健康的行为习惯或者戒断某些不良的行为习惯。有学者通过对 20 名 7—12 岁的儿童及其家庭进行定性研究后发现，儿童能够成功地把从学校中获得的健康饮食知识

---

① 周晓虹.文化反哺:变迁社会中的亲子传承[J].社会学研究,2000(02):51—66.
② 周晓虹.文化反哺:变迁社会中的亲子传承[J].社会学研究,2000(02):51—66.
③ 周晓虹.文化反哺:变迁社会中的亲子传承[J].社会学研究,2000(02):51—66.
④ 陈玉辉.反向代际影响对消费者渠道迁徙意向的作用机理研究[D].重庆:重庆工商大学,2016:41.
⑤ 微波.现代化的动力:青年的反向社会化[J].当代青年研究,2000(04):31—34.

(比如减少脂肪摄入)传递给家长,改变了整个家庭的饮食习惯,使各个家庭成员摄入更加营养均衡的食物。① 后续的相关研究结果也证明了孩子促使家庭成员摄入健康食物的积极作用。② 除了形成健康的行为,孩子们在帮助家长摒弃某些不健康行为方面也有所作为。如有些研究者分别通过访谈和实验的方式对此进行了研究,研究结果一致表明孩子能够帮助家长改变诸如吸烟、喝酒等坏习惯。③④ 在环保方面,有大量证据表明孩子能够影响成人的环境知识、态度和行为。⑤ 有学者通过设置实验组和对照组对11所学校的小学生及其父母进行调查后发现,参与环境活动的实验组学生相较于未受到干预的对照组学生来说,他们与父母交流环境问题的频率更高,他们的父母也更愿意采取亲环境的行为和措施。⑥ 迄今为止,有关代际环境保护的研究已经非常丰富,如多位研究者的研究表明在世界各地都能看到孩子们在家庭中发挥着"环保先锋"的作用。⑦⑧⑨⑩ 但是,也有研究者指出,孩子对父母环境行为

---

① Ayadi, K.. The role of school in reducing the prevalence of child obesity [J]. *Young Consumers*, 2008,9(3):170-178.
② Kuczynski, L., Pitman, R., Ta-Young, L., et al. Children's influence on their parent's adult development: Mothers' and fathers' receptivity to children's requests for change [J]. *Journal of Adult Development*, 2016,23(4):193-203.
③ Dillon, J. J.. The role of the child in adult development [J]. *Journal of Adult Development*, 2002,9(4):267-275.
④ Jackson, C., Hayes, K. A., Dickinson, D. M.. Engaging parents who quit smoking in antismoking socialization of children: a novel approach to relapse prevention [J]. *Nicotine & Tobacco Research*, 2016,18(5):926-933.
⑤ Duvall, J., Zint, M.. A review of research on the effectiveness of environmental education in promoting intergenerational learning [J]. *The Journal of Environmental Education*, 2007,38(4):14-24.
⑥ Leeming, F. C., Porter, B. E., Dwyer, W. O., et al. Effects of participation in class activities on children's environmental attitudes and knowledge [J]. *The Journal of Environmental Education*, 1997,28(2):33-42.
⑦ Easterling, D., Miller, S., Weinberger, N.. Environmental consumerism: A process of children's socialization and families' resocialization [J]. *Psychology & Marketing*, 1995,12(6):531-550.
⑧ Ballantyne, R., Fien, J., Packer, J.. Program effectiveness in facilitating intergenerational influence in environmental education: Lessons from the field [J]. *The Journal of Environmental Education*, 2001,32(4):8-15.
⑨ Larsson, B., Andersson, M., Osbeck, C.. Bringing environmentalism home: Children's influence on family consumption in the Nordic countries and beyond [J]. *Childhood*, 2010,17(1):129-147.
⑩ Singh, P., Sahadev, S., Oates, C. J., et al. Pro-environmental behavior in families: A reverse socialization perspective [J]. *Journal of Business Research*, 2020,115:110-121.

的影响是有限的,如萨里大学一位从事环保心理工作多年的教授认为,反向社会化在环保领域根本不起作用……反向社会化只会在那些知识层次高的中产阶级家庭起作用。①

最后,在休闲和娱乐行为方面,孩子们也能够对成人的决策产生影响。实证资料显示,在家庭中,父母在体育运动、度假出游等娱乐方式上会听取孩子的建议。在体育运动方面,学者们将"孩子在体育运动方面社会化父母的过程"称作"体育社会化",孩子们不仅向父母传递体育运动的知识,还会影响父母对体育运动的情感。有些学者率先对家庭中的体育社会化现象进行了研究,他们通过对71位青少年家长进行访谈发现,父母从孩子那里学到了诸如体育规则、技能等体育方面的知识,并且在孩子的带动下更加乐于参加体育活动。② 另外,还有些研究者的调查结果也证明了孩子能够改变父母对体育运动的态度和情感,比如帮助父母感受到体育运动的美感和意义。③④

综上所述,在日常行为层面,孩子对父母的影响比较广泛,尽管有学者提到孩子在某些领域的影响力有限,但目前仍有大量证据表明孩子能够在日常行为层面对父母产生反向社会化作用。

2. 器物层面

在器物层面,孩子在家庭中拥有相当程度的"话语权"。无论是幼小的儿童还是青少年群体,孩子对新事物的接受能力都优于父母和祖辈,尤其是在各种现代技术的使用上父母不得不接受孩子的"指导"。⑤⑥

在各种现代技术的使用方面,不少研究显示父母需要依赖子女的帮助。

---

① 秦宇.英国小学生成环保小先锋[J].生态经济,2009(05):14—17.
② Snyder, E. E., Purdy, D. A.. Socialization into sport: Parent and child reverse and reciprocal effects [J]. Research Quarterly for Exercise and Sport, 1982,53(3):263-266.
③ Hyatt, C., Kerwin, S., Hoeber, L., et al. The reverse socialization of sport fans: How children impact their parents' sport fandom [J]. Journal of Sport Management, 2018,32(6):542-554.
④ Yilun, Z., Monika, S., Hongping, Z.. Children's agency in sports socialization: The meaning of children's sport among the immigrant family triad [J]. International Journal of Sport Psychology, 2021,52(4):310-334.
⑤ 周晓虹.文化反哺:变迁社会中的亲子传承[J].社会学研究,2000(02):51—66.
⑥ 白显良.青年社会化中的"文化反哺"现象探析[J].重庆职业技术学院学报,2003(02):47—50.

我国学者周晓虹教授曾分别在 1998 年和 2003 年在全国范围内进行了两次大规模的家庭访谈，这两次访谈的结果都证实了父母在新器物的使用和操作上要向孩子请教。在第一次访谈中，父母指出电子计算机是他们人生的"滑铁卢"，当面对网页制作、远程登录等稍微复杂一些的电脑技术时，父母在孩子面前也只能"甘拜下风"。除此之外，在使用 VCD、音响、寻呼机、移动电话、传真机、扫描仪，甚至微波炉、电视等各式各样的新器物面前，父母的知识以及动手能力都大大落后于自己的子女。① 在第二次访谈中，父母仍然提供了类似的信息，他们表示自己在移动电话和电子计算机这两种典型的现代设备的使用上跟不上孩子。② 随着现代信息技术的不断进步，亲子两代之间的"数字代沟"问题愈加突出，因此近年来国内有关"数字反哺"的研究也愈加丰富，其中，以周裕琼为代表的相关学者对于对数字反哺的研究成果较为丰富。③④⑤⑥⑦

国外学者对于器物层面的反向社会化探究，也主要集中在现代信息技术方面。有些研究者曾对 18 位母亲(孩子年龄在 7—16 岁)进行调查后发现，她们在网络下载、收发电子邮件、聊天等电子设备的基本用途方面会寻求孩子们的帮助。除了在技术层面指导父母，孩子们还会充当家庭电子设备和相关技术等的"引入者"。⑧ 孩子们向家庭内部引入新兴媒体的主要途径有两

---

① 周晓虹. 文化反哺：变迁社会中的亲子传承[J]. 社会学研究，2000(02)：51—66.
② 周晓虹. 文化反哺与器物文明的代际传承[J]. 中国社会科学，2011(06)：109—120,223.
③ 周裕琼. 数字代沟与文化反哺：对家庭内"静悄悄的革命"的量化考察[J]. 现代传播：中国传媒大学学报，2014(02)：117—123.
④ 周裕琼. 当老龄化社会遭遇新媒体挑战 数字代沟与反哺之学术思考[J]. 新闻与写作，2015(12)：53—56.
⑤ 周裕琼. 数字弱势群体的崛起：老年人微信采纳与使用影响因素研究[J]. 新闻与传播研究，2018，25(07)：66—86+127—128.
⑥ 周裕琼，丁海琼. 中国家庭三代数字反哺现状及影响因素研究[J]. 国际新闻界，2020，42(03)：6—31.
⑦ 周裕琼，谢奋. 从老年传播到老龄化传播：一个边缘研究领域的主流化想象[J]. 新闻与写作，2021(03)：30—37.
⑧ Correa, T.. Bottom-up technology transmission within families：Exploring how youths influence their parents' digital media use with dyadic data [J]. *Journal of Communication*，2014,64(1)：103-124.

种,一是借助于媒体本身,当孩子们敏锐地察觉到技术的新进展时,他们会将其带入家庭;二是通过孩子,当孩子们的爱好、品位产生改变的时候,家庭成人也会因此接触更多的新的电子游戏、电视节目等。[1]

3. 生活态度和价值观层面

在生活态度和价值观层面,父母也受到了孩子的影响。尽管成人的价值观和生活态度比较稳定、难以改变,但是仍有不少学者发现孩子能够触及成人的心灵深处,尤其是孩子的清纯的自然天性(比如好奇心和创造力、想象力、爱的精神)往往能够对成人的精神世界起到反哺的作用。[2]

一是好奇心和创造力。有学者从成人发展的角度探究儿童对成人的影响,通过对访谈资料的整理分析发现,孩子的好奇心和创造力改变了成人对世界的认识。如一位父亲表示,孩子从两岁半开始就不断地向他提出各种"为什么",就像大哲学家苏格拉底一样,这也引发了他对稀松平常的生活世界的好奇。还有一些家长在访谈中吐露,他们经常会被孩子们所"挑战",具体表现在孩子们常常会打破成人习以为常的概念,家长反映孩子们这种富有创造力的行为也在一定程度上加深了他们对于生活的思考和体验。[3] 还有学者认为孩子们是天生的"建构家"和"创新家",自主创新是他们的天性,他们天生就不按"常规"出牌,[4][5]他们的行为和作品往往超出常规的束缚,能够挑战"权威",质疑"真理"。由此可见,孩子们的创新创造真正地对成人世界产生了影响。

二是想象力。除了好奇心和创造力之外,孩子们丰富的想象力总是会给成人带来无尽的启发,尤其是在艺术想象力方面,无数学者曾对此发出惊叹。

---

[1] Den Bulck, J. V., Den Bergh, B. V.. The child effect in media and communication research: A call to arms and an agenda for research [J]. *Annals of the International Communication Association*, 2005,29(1):35-48.

[2] 刘晓东.论儿童文化——兼论儿童文化与成人文化的互补互哺关系[J].华东师范大学学报(教育科学版),2005,23(02):28—35.

[3] Dillon, J. J.. The role of the child in adult development [J]. *Journal of Adult Development*, 2002,9(4):267-275.

[4] 吴康宁.自主创新:幼儿的天性、天能与天权[J].学前教育研究,2002(04):19—21.

[5] 吴康宁.学生仅仅是"受教育者"吗——兼谈师生关系的转换[J].教育研究,2003(04):43—47.

如,毕加索用一生的时间向6岁的儿童学习作画。著名音乐家布约克沃尔德在其著作《本能的缪斯》中称赞孩子自发性的歌唱丝毫不逊色于像巴赫、舒曼、门德尔松和艾甫斯那样的音乐大师,孩子天生具备巨大的艺术潜能,成人应向孩子学习音乐艺术。①

三是爱的精神。对于身边的人、事、物,孩子都愿意给予自己真挚无私的爱。

一方面,孩子对大自然和生命抱有爱和珍惜之情,并且发挥着自己的影响力。学者孙云晓和康颖丽在《向孩子学习:一种睿智的教育视角》这一著作中曾经记载过这样一则案例:妈妈给5岁的女儿捉了几只蜻蜓,女儿却嚷嚷着要把蜻蜓放了,她坚定地说没有蚊子吃,蜻蜓会饿死的,要把蜻蜓全部放飞,在女儿的提醒下妈妈放飞了所有蜻蜓。②

另一方面,成人在与孩子的相处中感受着孩子身上的爱。蒙台梭利认为,"儿童是爱的源泉,我们一触及到儿童便触及到爱","儿童是每一个人的温情和爱的感情汇聚的唯一焦点。一谈到儿童,人的内心就会变得温和、愉快"。③ 她还指出,儿童是爱的化身,能够矫正成人的生活,"要是儿童爱的潜能得以发挥,或者其全部价值都得以发展,我们就会取得无法计量的成就……成人为了变得伟大,就必须谦逊,必须向儿童学习"④。

(二) 关于反向社会化的成因

据目前所掌握的资料来看,学者们普遍认为"反向社会化"的产生要综合考虑社会、学校、家庭、个人等各个层面的因素,这一现象是在这些因素的共同作用下产生的。

从社会层面来看,学者们指出社会环境的变迁导致代际学习机会的萌

---

① [挪威]让-罗尔·布约克沃尔德.本能的缪斯[M].王毅,孙小鸿,李明生,译.上海:上海人民出版社,1997:249.
② 孙云晓,康颖丽.向孩子学习:一种睿智的教育视角[M].昆明:晨光出版社,1998:36—37.
③ [意]蒙台梭利.蒙台梭利幼儿教育科学方法[M].任代文,译.北京:人民教育出版社,1993:587.
④ [意]蒙台梭利.蒙台梭利幼儿教育科学方法[M].任代文,译.北京:人民教育出版社,1993:591.

发。周晓虹、白显良、弓丽娜等学者都认为,在急剧变化的社会环境中,子代往往具备更高的吸收能力和适应能力,而亲代则常常会被传统观念和已有经验所限制,这就导致了两代人在了解和接受新事物方面存在差异,长辈们不得不求助于孩子们。[1][2][3] 具体来看,社会环境的巨大变迁主要体现在信息技术、大众传媒的进步上,这是孩子能够在家庭中获得"指点父母"机会的重要契机。一方面,作为"信息时代原住民",孩子们能够较快地适应信息技术的使用,即使是很小的孩子,在掌握信息传播新技术方面与其长辈相比都有明显的优势;[4]另一方面,电子计算机的普及和大众传播媒体的广泛影响,使得孩子能独立于父母获得大量的知识和信息,这是他们在与父母的互动中获得反哺能力、话语权力的最重要途径。[5][6] 另外,还有学者指出,和以前相比,今天孩子生活的环境几乎是全开放的,他们对新事物敏感,能从各种渠道较快地接受各种新东西,所以在知识面和某些技能方面,他们不但比上一代儿童宽得多、强得多,甚至超过了今天的成人。正是这种优势,使子女获得了向父母反哺新知识、新信息的能力。[7]

从学校层面来看,学校教育和同辈群体是孩子获得各种新知识、新价值观的重要途径,同辈群体是孩子们知识的"蓄水池"。[8] 在现代社会中,学校已经成为个人社会化的第二个主要场所。通过学校,人们可以使生活知识科学化,获得对社会行为规范的系统认识,掌握现代化的职业技能,为个人生活和社会变革作准备。[9] 学校促成了亲子之间反向社会化的形成。不少研究者都发现,孩子能够对其他家庭成员产生影响,离不开学校的积极指导,比如鼓励

---

[1] 周晓虹.文化反哺:变迁社会中的亲子传承[J].社会学研究,2000(02):51—66.
[2] 白显良.青年社会化中的"文化反哺"现象探析[J].重庆职业技术学院学报,2003(02):47—50.
[3] 弓丽娜.现代社会中的青年文化反哺现象探析[J].道德与文明,2004(04):68—72.
[4] 黄育馥.信息化时代的亲子关系[J].社会,1999(09):4—6.
[5] 周晓虹.文化反哺:变迁社会中的亲子传承[J].社会学研究,2000(02):51—66.
[6] 张志刚,郑艳.浅议青年"文化反哺"现象[J].中国青年政治学院学报,2002(02):35—38.
[7] 翟爱萍."向孩子学习"之管见[J].上海教育科研,2007(03):23—24.
[8] 张志刚,郑艳.浅议青年"文化反哺"现象[J].中国青年政治学院学报,2002(02):35—38.
[9] 刘豪兴,朱少华.人的社会化[M].上海:上海人民出版社,1993:198.

孩子与家长共同讨论某一重要话题、给孩子布置与家庭协作完成的家庭作业等。其实，国外的许多有关环境或健康项目的实施都是通过学校开展的，孩子在学校获得关于环保、健康的知识和行为，再分享给其他家庭成员，推动家庭实践的改变。①②③ 同辈群体是个体社会化的重要因素，相关研究表明，随着孩子年龄的增长，同辈群体的作用会越来越大。④ 孩子们将从同伴处获得的信息传递给父母，父母群体实际上不单和自己的孩子，而是和孩子们这个群体、这一代人打交道。正如周晓虹教授所概括的一样：在一个不起眼的孩子后面可能站着一个个联系紧密的同辈群体，他们成了孩子向父母进行"文化反哺"的取之不尽的蓄水池。⑤

从家庭层面来看，越来越民主的家庭沟通环境、越来越平等的亲子关系是孩子能够参与家庭决策及影响父母的主要原因。家庭规模日益小型化、核心化使得家庭关系趋于简单，家人之间更加便于沟通，在这样的环境中孩子更加能表达自己的想法。⑥ 家庭规模小型化使得家庭重心从"老"向"小"发生转移，⑦孩子成了家庭中的核心人物，孩子与成人的互动增加。孩子在家庭中的中心位置，使其能够表达自己的意见，并且在条件允许的情况下有被采纳的可能。⑧ 另外，不少研究者也指出，随着社会文化的变迁，父母的权威已经发生了动摇，传统的父子家长制作风正在逐渐减弱，父母与子女的关系越来越像朋友，亲子关系越来越趋向于平等。亲子关系的变化促使了孩子家庭话语权的增强。这种亲子关系的变化可以从三个方面来解释：一是今天的家长已

---

① Ballantyne, R., Fien, J., Packer, J.. Program effectiveness in facilitating intergenerational influence in environmental education: Lessons from the field [J]. *The Journal of Environmental Education*, 2001,32(4):8–15.
② Ayadi, K.. The role of school in reducing the prevalence of child obesity [J]. *Young Consumers*, 2008,9(3):170–178.
③ Lawson, D. F., Stevenson, K. T., Peterson, M. N., et al. Children can foster climate change concern among their parents [J]. *Nature Climate Change*, 2019,9(6):458–462.
④ 孙云晓,康颖丽.向孩子学习：一种睿智的教育视角[M].昆明：晨光出版社,1998:118.
⑤ 周晓虹.文化反哺：变迁社会中的亲子传承[J].社会学研究,2000(02):51—66.
⑥ 孙云晓,康颖丽.向孩子学习：一种睿智的教育视角[M].昆明：晨光出版社,1998:87.
⑦ 风笑天.论人的社会化过程之特点[J].湖北社会科学,1987(03):58.
⑧ 孙云晓,康颖丽.向孩子学习：一种睿智的教育视角[M].昆明：晨光出版社,1998:87.

不同于昨天的家长,每一个时代的父母都会受到时代的塑造;二是社会对儿童的重视促使了家长观念的改变;三是家庭结构的变化影响了家庭中两代人的关系。①

从个人层面来看,孩子作为积极的社会行动者,能够对成人世界产生影响,尤其是当父母认为孩子的知识具备可靠性的时候,或者是孩子对父母采取一些策略的时候,成人会更愿意接收孩子的影响。有学者在研究中发现,孩子在一些领域表现出来的专业知识是否可靠,是长辈判断其是否要接受孩子的意见的原因之一。此外,这项研究还显示,当孩子的行为呈现出一些"战略性"特征的时候,即孩子会采取某些策略的时候,父母不得不接受孩子的要求。"说服"和"强迫"是孩子们主要使用的两种策略。在该研究中,一位母亲表示,她6岁的女儿十分擅长使用说服的策略,该母亲说孩子非常善于表达。她会说:"妈妈,你说脏话没问题,但我说脏话就不行吗?"还有父母指出孩子的语言风格也会增加他们的说服力,比如"幽默""体贴""有力""果断"等语言风格会让父母更易采纳孩子的意见。除了采取说服的策略之外,还有一些父母表示,他们之所以听从孩子的要求,是因为孩子在提出要求时使用了强迫手段,比如"不断地提问""抱怨""不断地唠叨"等。②

总的来说,反向社会化的成因是各个因素综合作用的结果,无论是社会环境的急速变迁、学校教育和同伴群体的交往,还是家庭结构的变化、亲子关系的日益平等、孩子个人的策略等都是促使反向社会化形成的有利条件。

(三) 关于反向社会化的价值与意义

目前,我国学者对于反向社会化多持肯定态度,并且从不同角度指出反向社会化的积极功能。

在社会文化、社会生活方面,不少研究者认为,由于有了反向社会化,文

---

① 孙云晓,康颖丽.向孩子学习:一种睿智的教育视角[M].昆明:晨光出版社,1998:93—97.
② Kuczynski, L., Pitman, R., Ta-Young, L., et al. Children's influence on their parent's adult development: Mothers' and fathers' receptivity to children's requests for change [J]. *Journal of Adult Development*, 2016, 23(4):193-203.

化得以进步,社会得以发展,人们的生活也能够依时更新。具体来看,反向社会化能促使新思想和价值观的产生和传播,例如价值观(男女平等)、人生观、审美观(用新的美学视角来评价周围的人和物);其次,反向社会化能使一些社会行为规范得以更新;最后,反向社会化能够弥合代际差异,减少社会冲突。①

在家庭生活方面,反向社会化的增加有助于亲代和子代之间更好地交流,②形成了更加民主的亲子关系,使中国传统家庭中那种家长永远正确、永远高明的现象逐渐减少③。反向社会化不仅提高了子代在家庭中的地位和对家庭事务的发言权,也对亲代产生了积极作用。亲代在子代的帮助下,了解到许多原先陌生的知识、开阔了眼界,提高了社会适应能力。④ 目前,许多有关数字反哺的证据为此提供了支持。朱秀凌曾在一项实证研究中发现,反向社会化对亲子关系具有正面影响,研究显示,亲代和子代均有超过65%的研究样本报告反向社会化对于亲子关系有正向影响,让双方有更多的交流和更融洽的相处是其中较为突出的正向影响之一;还有70.2%的孩子表示当父母向自己请教有关手机的知识时会感到很自豪,乐于解答。⑤

从代际传承的角度来看,"向孩子学习"也改变了传统的单向的社会教化模式。社会的发展彻底冲破了亲代为教化者与子代为被教化者的角色规范,毫不留情地"颠覆"了千百年"由父及子""父为子纲"的自上而下的代际传承模式。⑥ 这种新的文化传承模式,促进了亲代和子代的共同成长。周晓虹通过家庭访谈和研究发现,文化反哺这种新型的文化传承模式在赋予孩子们以自信、知识和力量的同时,也开阔了父母的眼界,提高了他们对这个变得越来

---

① 李秋洪.反向社会化:青年社会化研究的新课题[J].青年探索,1991(06):21—24.
② 翟爱萍."向孩子学习"之管见[J].上海教育科研,2007(03):23—24.
③ 黄育馥.信息化时代的亲子关系[J].社会,1999(09):4—6.
④ 周晓虹.文化反哺:变迁社会中的亲子传承[J].社会学研究,2000(02):51—66.
⑤ 朱秀凌.青少年的手机使用、数字代沟与文化反哺——基于对福建省漳州市中学生家庭的实证分析[J].新闻界,2015(11):47—53.
⑥ 翟爱萍."向孩子学习"之管见[J].上海教育科研,2007(03):23—24.

越陌生的世界的应对能力。① 从这个意义上说,文化反哺最终有利于实现亲代和子代两代人的共同成长,或者说它赋予两代人一种更为和谐的共生方式。

总的来说,无论是在社会生活中还是在家庭生活中,反向社会化都扮演着十分重要的角色。

五、反向社会化的文学与教育视角

成人父母或教师由于儿童的言行而触动内心,改变自己的过程,就是反向社会化。这种反向社会化一方面是儿童的"能"的问题,另一方面是成人的"愿"的问题。从"能"的方面讲,儿童的天性决定了儿童内心都蕴含了天真、纯洁和善意,也决定了儿童对新事物的敏感和吸收能力,因此他们对很多事物会有特别的感知,能关注很多细节,尤其是动手能力惊人。也就是说,儿童拥有独特的心灵世界,这就决定了他们能对成人产生影响。从"愿"的方面讲,对成人来说,是否接受儿童的影响不是由儿童决定的,从根本上说是由成人决定的,只有成人在意儿童的影响,有反思的自觉性,那么反向社会化才可能产生。如果成人不在意儿童的影响,无视儿童的提醒、批评,甚至还拒斥和遏制儿童的批评,那么反向社会化就不可能发生。因此,反向社会化的核心是成人的"愿"——敏感、乐意、接纳。而成人的"愿"是"修炼"而成的,是成人在对儿童、对生活、对自己认识的不断完善中形成的。

《小恩的秘密花园》是一本美国的图画书,作者为莎拉·斯图尔特和戴维·斯莫尔。该图画书讲述的是在 20 世纪 30 年代美国大萧条背景下,一个叫小恩的女孩如何把快乐传递给处于悲观、失望和苦难中的成人的故事。由于父母失业,小恩无奈寄居舅舅家中,舅舅总是没有笑脸。小恩通过与在舅舅家干活的一对夫妇的交流,教会了女人艾玛拉丁文,又从艾玛那里学会了

---

① 周晓虹.文化反哺:变迁社会中的亲子传承[J].社会学研究,2000(02):51—66.

揉面。小恩还把喜欢种花的习惯发扬光大,影响了艾玛夫妇,影响了舅舅的邻居,让面包店的环境变得整洁漂亮,生机勃勃。更重要的是,小恩把废弃、杂乱的楼顶平台,变成了一个空中花园,花团锦簇,终于让"不会笑"的舅舅呈上鲜花蛋糕来表达自己欢快的心情。小恩用自己的真诚和善良,用自己对种植和鲜花的热情和热爱,改变了人们生活的环境,也改变了人们的心境。再艰难的时刻,也不能忽视美好,哪怕它那么微弱,但它是希望,它是未来。小恩的心里深藏着这种信念,并通过她的行为一点一点地展现出来,温暖着每一个人的心。因此,很多时候,孩子的心比成人还宽阔,孩子有强大的捕捉希望的能力。小恩的表现给成人很多的教益。这就是儿童天生的力量。在这个故事里,艾玛夫妇是愿意学习的、愿意与小恩合作的、愿意受小恩感染的,从故事的结尾看,小恩的舅舅也在被小恩感化,也在不断开放自己的内心、不断改变着自己的心境、不断改变着自己的生活。故事里,小恩给父母和外婆的信里充满了情感,充满了希望,也充满了生机,这对三位饱受大萧条之苦的成人无疑是一种安慰和鞭策。因此,整个故事中,小恩一直用她独特的方式影响着生活中的大人们。

李维·宾福德的图画书《大黑狗》同样也充分体现了反向社会化的意义。一天,霍普家门口来了一条大黑狗,霍普夫妇都看到了,觉得黑狗非常大,都很恐惧,甚至报了警。他们那两个较大的孩子艾德琳和莫里斯也看到了,也感到很恐惧。他们四人竟然因为害怕而躲进了被子里。他们最小的孩子小女孩点点起来了,看到家里的人这样躲着觉得奇怪。她没有听从家里人的劝阻,而是大胆地开门走了出去。她跟大黑狗打了个招呼,大黑狗也闻闻她。于是,一场追逐游戏就这样开始了,从山林到游乐场的各种器械,从平地的管道到河道的冰面,点点小个头的优势充分发挥出来了,最后大黑狗被累坏了,跟着点点跑进了家。点点设法控制住大黑狗,大黑狗也乖乖地跟随点点。这让全家人非常惊讶。大家觉得大黑狗没有那么大了,也没有那么可怕了,大家都觉得点点真是有办法。全家人都赞扬点点勇敢,点点只是说"因为没有什么好怕的"。其实,点点说的仅仅是常识。你还没接触,为什么就怕成这个样子？在点点的内心，有一种勇于接触和交往的力量，这种力量征服了大黑狗，也征服了成人。在幼小儿童的内心里，世界上的生命都是值得关注的，都是愿意靠近接触的。不会因为大而怕，他们不受人类恐惧心的束缚，愿意去尝试，并想办法解决问题。点点在旷野里飘动的身影，不只是大黑狗在追逐她，而是一个儿童的天性在对自然的追逐。成人感到害怕往往是被"想当然"吓住了，而不是被大黑狗吓住了，他们的思维和行动都被"想当然"吓住了。所以，点点的行动教会了成人很多，如勇于面对、正视其他生命、采用适宜的方式等。

在以上两本图画书中，无论是小恩还是点点，都有一个共同的特点，那就是天性外溢。小恩是内心对植物和种植的热爱，让她改变了环境，影响了周围的人；点点是对动物无恐无惧，能进行有效"对话"，看似追逐，实际上是共同游戏，最后呈现出和谐安详的景象，并教育了周围的人。动物和植物是孩子喜爱的对象，亲近动植物是孩子的天性，可以说，小恩和点点的反向社会化源自她们的天性，来自天性的力量让她们勇往直前，散发出强大的能量，去感召身边的人。

反向社会化本质上是成人向儿童学习。成人是否愿意向儿童学习，还有一个重要因素是成人的儿童观。成人是怎么看待儿童的，会直接影响着成人的态度和行为。如果成人觉得儿童还很幼稚，儿童没有成熟的思想，儿童很多地方都不如成人，只有成人能教育儿童，儿童是在成人教育下成长起来的，而儿童不可能教育成人，那么，反向社会化就难以发生。如果认为儿童是人生历程中的一个阶段，这个阶段对儿童的现代和未来都有特殊的意义。这个阶段儿童所拥有的特殊品质极其珍贵，是很多成人已经不具有的。儿童心灵深处有很多善良、热情、美好、真诚、友善的品质，这些品质也是儿童认知世界的眼光和方式。儿童不但值得尊重和爱护，儿童身上美好的一切还值得成人向他们学习。这样认识儿童，那么反向社会化就一定会发生。

丰子恺是我国现代画家、散文家、美术教育家、音乐教育家、漫画家和翻译家。他是一个颠覆了传统的真诚、用心、伤感的父亲；是一个用绘画描述童年生活和成长的教育家;是一个虔诚的现代儿童观的倡导者和践行者;是一个充满了慈悲之心的艺术家、文学家;是一个忠诚、近乎疯狂的童年"守护神"! 丰子恺对童年的认识是深刻的、精准的。他珍视童年,他也爱惜自己的童年,他是这样描述自己的童年印记的:"我的左额上有一条眉毛一般长短的疤。这是我儿时游戏中在门槛上跌破了头颅而结成的。相面先生说这是破相,这是缺陷。但我自己美其名曰'梦痕'。因为这是我的梦一般的儿童时代所遗留下来的唯一的痕迹。由这痕迹可以探寻我的儿童时代的美丽的梦。"[1]他还说:"现在我对这些儿时的乐事久已缘远了。但在说起我额上的疤的来由时,还能热烈地回忆神情活跃的五哥哥和这种兴致蓬勃的玩意儿。谁言我左额上的疤痕是缺陷?这是我的儿时欢乐的佐证,我的黄金时代的遗迹。"[2]这里充分显现了丰子恺的儿童观。在他的漫画作品中,儿童是与成人平等的,儿童的情感、行为受到充分的尊重。

1927年,丰子恺回忆了自己的童年,详细、生动记述了难忘的三件事:每年的养蚕季,每年的吃蟹季,延续3—4年的少年钓鱼经历。从这三件使其童年印象深刻的事情来看,他的童年是愉快的,自主的,很少受到干预的,也的确是能感受到快乐的。郁达夫对丰子恺的评价为:"对于小孩子的爱……是他的散文里的特色。"[3]巴金先生的评价是:"我脑子里有一个'丰先生'的形象:一个与世无争、无所不爱,一颗纯洁无垢的孩子心。"[4]

1928年,丰子恺写道:"我对于儿女的确关心,在独居中更常有悬念的时候。但我自以为这关心和悬念中,除了本能以外,似乎尚含有一种更强的加味……因为我的儿女都是孩子们,最年长的不过九岁,所以我对于儿女的关心与悬念中,有一部分是对于孩子们——普天下的孩子们——的关心与悬念。他们成人以后我对他们怎样?现在自己也不能晓得,但可推知其一定与

---

[1] 丰子恺.缘缘堂随笔[M].北京:北京联合出版公司,2020:39.
[2] 丰子恺.缘缘堂随笔[M].北京:北京联合出版公司,2020:43.
[3] 郁达夫.郁达夫散文[M].上海:上海科学技术文献出版社,2012:193.
[4] 王久安.我与开明我与中青[M].北京:中国青年出版社,2012:154.

现在不同,因为不复含有那种加味了。"①这里说的"加味",就是特殊性,儿童与成人的差异性。其实那就是"童心"和"童真"。他说:"回想过去四个月的悠闲宁静的独居生活,在我也颇觉得可恋,又可感谢。然而一旦回到故乡的平屋里,被围在一群儿女的中间的时候,我又不禁自伤了。因为我那种生活,或枯坐默想,或钻研搜求,或敷衍应酬,比较起他们的天真、健全、活跃的生活来,明明是变态的、病的、残废的。"②

丰子恺在观察了孩子们在吃西瓜时的音乐、诗歌、数字概括等表演后,说:"天地间最健全的心眼,只是孩子们的所有物,世间事物的真相,只有孩子们能最明确、最完全地看到。我比起他们来,真的心眼已经被世智尘劳所蒙蔽,所斫丧,是一个可怜的残废者了。我实在不敢受他们'父亲'的称呼,倘然'父亲'是尊崇的。"③"加味"在这里又体现在"天真、健全、活跃",这是儿童内心所拥有的力量。丰子恺把儿童当作自己的镜子,在儿童身上照见自己,从而看到自己的不足和不堪,用儿童鞭策自己。

因此,丰子恺珍视童年的价值,倡导向儿童学习。他认为:"成人的世界,因为受实际的生活和世间的习惯的限制,所以非常狭小苦闷。孩子们的世界不受这种限制,因此非常广大自由。年纪愈小,他的世界愈大。"④丰子恺指出,孩子看事物,常常解除事物的一切关系,能清楚地看见事物的真态,所以,在他们是灿烂的世界,在我们只觉得枯寂。教养孩子的方法很简便,教养孩子只要教他永远做孩子,即永远不失却其孩子之心。童心是儿童本来就具有的心,不必父母与先生教他,只要父母与先生不去摧残他就够了。

1926年,他指出,儿童"能撤去世间事物的因果关系的网,看见事物的本身的真相。他是创造者,能赋给生命于一切的事物。他们是'艺术'的国土的

---

① 丰子恺.缘缘堂随笔[M].北京:北京联合出版公司,2020:14.
② 丰子恺.缘缘堂随笔[M].北京:北京联合出版公司,2020:14.
③ 丰子恺.缘缘堂随笔[M].北京:北京联合出版公司,2020:15.
④ 丰子恺.丰子恺散文[M].杭州:浙江文艺出版社,2019:226—227.

主人"。并感叹:"我要从他学习!"①1949 年,丰子恺说:"我相信一个人的童心,切不可失去。大家不失去童心,则家庭,社会,国家,世界,一定温暖、和平和幸福。所以我情愿做'老儿童',让人家去奇怪吧!"②丰子恺对童年价值和童年特质珍视甚至仰慕,他最经典的言论是:"我的孩子们! 我憧憬于你们的生活,每天不止一次! 我想委屈地说出来,使你们自己晓得。可惜到你们懂得我的话的意思的时候,你们将不复是可以使我憧憬的人了。这是何等可悲哀的事啊!"③一个懂得儿童身上有珍贵品质的人,才可能真正尊重儿童、理解儿童,并努力向儿童学习。

我们虽已经进入 21 世纪 20 年代,然而可以肯定地说,现代儿童意识的确立还任重道远。近一个世纪过去了,丰子恺内心深处呼唤的对童年的理解和珍视并没有被所有人听见,科学的儿童观还没有真正确立。家长的儿童意识中还有很多无视儿童权益的成分,还有很多无视儿童特质和能力的部分。因此,我们要积极倡导陶行知、陈鹤琴、张雪门和丰子恺等老一辈的儿童观,在全社会形成健康积极的儿童意识,真正理解儿童、尊重儿童,让正确的儿童意识融入社会公共意识。

六、反向社会化"案例"研究

在当今社会,反向社会化会发生在幼儿与长辈(家长、老师)之间吗? 如果发生了,主要会涉及哪些内容? 反向社会化是长辈自觉的,还是被迫的呢? 反向社会化对长辈产生了哪些影响呢? 为了了解当今在园幼儿对父母行为和心理的影响,了解反向社会化的基本内容、途径和成效,我们组织两所幼儿园进行了反向社会化案例的收集和研究工作。两所幼儿园均以园长牵头组织人员参与本研究课题组。我们召集了课题组成员开会,学习、讨论社会化

---

① 丰子恺.缘缘堂随笔[M].北京:北京联合出版公司,2020:9.
② 丰子恺.丰子恺儿童文学全集(儿童散文卷)[M].北京:海豚出版社,2014:296.
③ 丰子恺.缘缘堂随笔[M].北京:北京联合出版公司,2020:3.

及反向社会化的基本概念和理论,统一认识,形成了向家长说明和引导的基本口径。考虑到家长的生活和文化背景各不相同,解释"社会化"和"反向社会化"有一定的难度,我们就以"向孩子学习"这个主题收集相关故事,向家长发出案例征集邀请信,并附上我们提供的具体案例。具体征集过程由幼儿园协助组织,家长的有关问题和咨询也由幼儿园根据课题组会议中所达成的共识进行沟通和指导。

最后,我们共收集到 103 个案例。根据案例的典型性和故事内容的差异性,我们选择了 50 个案例进行个例分析,本书中,我们还没有对故事进行整体性的、规范性的质性分析。对案例的分析,我们主要考虑了以下几个方面:首先,分析案例中反向社会化的基本线索,关注其中包含的基本关系;其次,关注案例中儿童的优势行为表现及其对成人的影响;最后,关注成人自我的建构过程和思想、行为改变状况。

通过对 50 个案例的初步分析,我们形成了以下几个基本认识。

(一)育儿过程就是重温童年,反思童年成长,因而投注了自己的理想和期待

本次参与故事书写的家长大多生于 20 世纪 80 年代,少数生于 20 世纪 70 年代末和 20 世纪 90 年代初,其中写二宝的故事的也占一定的比例。20 世纪 80 年代左右我国处于改革开放的初期,经济改革已取得初步的成效,人们的生活已经得到了一定的改善。但总体上说,当时人们还没有真正富裕起来,生活质量还不高,家庭可支配收入还较低。因此,在物质条件上,跟今天相比,差距还是相当大的。本次收集的案例集中在城市幼儿园,且独生子女家长占比较高。他们大部分人的童年是没有哥哥姐姐、弟弟妹妹陪伴成长的,因而他们大部分人家庭中是缺乏同辈亲人和亲情的。在故事中,不少父母讲述了自己童年家庭生活的困境和孤单,童年生活的不足和缺憾。父母的童年体验,直接会影响父母育儿的态度和行为。"孩子的童年不能像我的童年""让孩子比自己的童年幸福一点"是很多父母的心声。

儿童的幸福主要来自两个方面。一方面是物质条件。今天的大部分儿童有了良好的物质生活条件，食品、玩具及图书等都不缺乏，这在几十年前是不可想象的。良好的物质生活条件也为今天儿童的幸福生活奠定了坚实的物质基础。另一方面是精神条件，主要包括生活氛围、成人陪伴的时间和质量。不少父母回忆自己的童年，表示物质生活虽然贫乏，但父母对自己的陪伴还是印象深刻和充满温暖的。在现实生活中，不同家庭的生活和育儿氛围有较大的差异。其中，父母的意识是关键。有些父母能回忆或反思自己的童年，觉得陪伴很重要，所以愿意花时间去和儿童一起阅读、游戏和亲近自然，愿意关注儿童的心声，尽可能满足儿童的需求，并在与儿童相处的过程中得到心灵上的滋养，且不断获得进步和成长。但有些父母可能沉迷于自己的世界，把照顾孩子的责任更多地交给了祖辈，潜心于自己的工作和玩乐，对儿童的时间投入不足，或者不能真正做到人在心在，在陪伴儿童的时间和质量上都存在不足，很少关注儿童的心理需求。好在我们看到，不少父母慢慢地醒悟过来，认识到孩子的成长过程不能错过，与孩子相处并共同生活的历程不能错过。不少父母书写的故事反映了越是接近儿童，越能发现童年的光辉，越是能感受到陪伴儿童的意义。陪伴儿童不只是满足儿童的需要，其实也是满足成人重温童年的需要，满足成人弥补自己童年缺憾的需要，甚至也有机会向儿童学习，从儿童那里得到启示，改变自己和发展自己。

不少父母在与儿童相处的过程中，注入了很多的期待，希望儿童成为自己心目中理想的样态，甚至成为自己曾经期待的理想的自己。父母因此采取了各种手段和方法，投入了很多的财力和物力，时间和精力。在此过程中，他们经常会与儿童出现矛盾和冲突。这种矛盾和冲突一方面来自父母不合理的期待，不理性地在儿童身上投注了力量，试图消除和避免自己童年的亏欠，总期待儿童去实现自己曾经的梦想；另一方面，理解儿童，理解童年，理解个体差异，对很多父母来说都是重要的挑战。父母如果对儿童缺乏正确的认识，那么任何良好的愿望就无法真正实现。在大部分的故事中，我们都可以看到，父母是在与儿童的共同生活中，在陪伴儿童的过程中，了解儿童，逐步理解儿童,努力改变自己的观念,改进自己的行为的。反向社会化最大的、最普遍的成效是向儿童学习儿童是谁,童年应该是怎样的,什么教育才是科学、合理的,并且能从儿童的烂漫天真和自然天性中获得启发。

(二) 相互学习和建构是理想的社会化模式

家庭生活是儿童社会化的重要途径。父母的素养对家庭社会化起着决定性的作用。父母的素养,既包含了基本的价值观念和道德标准、基本的文化素养、为人处世的基本原则,也包含了理解和养育子女的基本素养。总体上讲,家庭中正向社会化是主流,这是由父母的素养优势决定的。3—6岁儿童的是非观念和道德判断能力正在发展过程之中,需要得到父母的教育、支持和帮助。父母是孩子的第一任教师,是孩子的榜样,是孩子成长的第一责任人,对孩子的成长和发展起着决定性的影响。因此,父母承担着促进儿童社会化的重要责任。父母需要有责任意识和教育担当,全面关注儿童的生活和学习,投入时间和精力观察儿童,与儿童互动,倾听儿童的声音,欣赏儿童的表现,让自己真正成为儿童成长的"重要他人"。

正像多位父母在故事里所写的,儿童是父母教育引导的对象,也是父母的镜子,既可以从儿童的语言和行为表现里,看到父母的影子,看到父母示范、教育、引导的问题和不足,也可以从儿童发自天性的行为里,看到儿童比父母更为真诚和善意的表现。因此,对父母来说,除了要了解和理解儿童,还应善于向儿童学习,从儿童的表现里反思自己的问题和不足,从儿童的自然天性里感受童年的真善美。很高兴的是,几乎在每一个故事里,我们都感受到了父母的这一认识,看到了父母观念和行为的转变。

其实,正向社会化和反向社会化是相互交融的过程,有时它们就是社会过程的两个不同的方面。它们伴随着家庭生活,就是在一日生活的每一个具体环节中,在与孩子相处的特定情境和行为中发生的,且一起促进着亲子共同成长。由于3—6岁儿童身心发展有其自身的规律,因此不能只用说教的方式实施家庭社会化。因此,亲子共同生活,相互陪伴,相互服务,一起游戏、阅读、讨论，这些真情交流和互动是社会化的重要方式。只有在具体的、情境化的活动过程中，在真实的问题情境里，亲子之间才可能面临真实的挑战，需要动用多方面的经验，需要尝试使用相应的规则。在此过程，儿童才可能有所感受，有所尝试，有所思考，有所内化，有所创新。对父母来说，几乎所有的反向社会化都发生于特定的事件、问题背景之下，没有身临其境，面对现实的挑战，父母的认识和反思很难真正到位，也很难促动他们改变观念和行为。《3—6岁儿童学习与发展指南》中指出："幼儿的社会性主要是在日常生活和游戏中通过观察和模仿潜移默化地发展起来的。成人应注重自己言行的榜样作用，避免简单生硬的说教。"因此，家庭社会化是父母和子女相互学习的过程，是一个观念和行为不断建构的过程。

（三）最根本的追求是让儿童适应社会生活，并成为他（她）自己

发展与成长是儿童的根本任务。儿童处在人生重要的发展和成长时期，不断打下核心素养的基础，并获得有利于持续发展的关键经验。可以说，为儿童进一步的发展奠定基础是童年的重大"课题"。要落实这些"课题"，首先应该让儿童真正拥有快乐而充实的童年生活，因为儿童是在生活中游戏和学习的。无视儿童的生活，就难以真正有效促进儿童的发展。杜威曾指出："所需要的信仰不能硬灌进去；所需要的态度不能粘贴上去。但是个人生存的特定的生活条件，引导他看到和感觉到一件东西，而不是另一件东西……所以，生活条件在他身上逐渐产生某种行为的系统，某种行为的倾向。'环境''生活条件'这些词，不仅表示围绕个体的周围事物，还表示周围事物和个体自己的主动趋势的特殊的连续性。""正因为生活不仅仅意味着消极的存在（假如有这样的东西），而是一种行动的方式，环境或生活条件进入这种活动成为一个起着支持作用或挫败作用的条件。"[①]由此可见，生活就是与周围环境的相互作用，生活不是被动的，生活本身就体现了个体主动的、积极的一面。正是这种主动性，给个体的生命以光辉和活力。由此可知，生命的生长不是静止

[①] ［美］约翰·杜威.民主主义与教育[M].王承绪，译.北京：人民教育出版社，2001：16—17.

的,而是活动的、相互作用的。丰富生活,就是丰富交流、沟通的机会,就是充实生命①。因此,家庭社会化是父母和子女共同活动、共同建构和共同成长的过程。儿童的成长是家庭社会化的根本指向。家庭社会化是以儿童为本的,要从儿童出发,以儿童全面健康发展为根本利益。此外,父母本身也需要不断社会化,甚至需要反向社会化。父母的社会化将促进父母的持续发展,进而会增进父母的育儿素养,提高父母的育儿能力,完善父母的观念和行为,从而更好地促进儿童的健康成长。

儿童社会化不是为了让儿童死记硬背一些社会规则,更不是道德说教。社会化的核心是让儿童更好地适应社会生活,让儿童更好地体验快乐而有意义的童年。《3—6岁儿童学习与发展指南》中指出:"幼儿社会领域的学习与发展过程是其社会性不断完善并奠定健全人格基础的过程。""家庭、幼儿园和社会应共同努力,为幼儿创设温暖、关爱、平等的家庭和集体生活氛围,建立良好的亲子关系、师生关系和同伴关系,让幼儿在积极健康的人际关系中获得安全感和信任感,发展自信和自尊,在良好的社会环境及文化的熏陶中学会遵守规则,形成基本的认同感和归属感。"因此,家庭是社会化的重要场域,家庭生活是儿童社会化的重要途径,家庭对儿童适应社会具有重要的作用。从这个意义上说,儿童是否适应幼儿园生活或未来的小学生活,一方面与幼儿园和小学的教育有关,另一方面一定也与家庭生活有关,且家庭生活是帮助儿童做好适应准备的重要途径。本书中很多故事在这方面提供了很好的案例,从正反两个方面说明了儿童的任何成长都离不开家庭的密切配合。

社会化过程不只是要儿童适应社会,更要让儿童以自己的面貌、自己的特质去适应社会。所谓"自己的面貌",是指儿童就是儿童,不能因为要学习社会规则、适应社会生活而违背儿童的身心发展规律,要让儿童像儿童一样地生活和学习,要让儿童有时间和有机会做他们自己,避免将幼儿园的儿童

---

① 虞永平.生活化的幼儿园课程[M].北京:高等教育出版社,2010:7.

"学生化"和"成人化"。《义务教育课程方案和课程标准(2022年版)》颁布以后,许多小学都在进行课程与教学的变革,强调对新生的入学适应教育,强调要采取游戏化、生活化、综合化等方式实施,强调儿童的探究性、体验式学习。对幼儿园来说,更要从儿童出发,真正以学定教,用生动活泼、丰富趣味的方式进行教育。家庭一定要与幼儿园和学校紧密配合,让科学的理念在家庭中落地生根。在本书中所提的有些故事中我们可以发现,儿童是被父母拉高的、管严了的,儿童已经被当作小大人,已经被当作完成父母心中理想的学生,结果是适得其反的。家长应努力理解儿童,理解童年,理解儿童发展的规律,为儿童创造有利于其社会化的环境。《3—6岁儿童学习与发展指南》中指出:"人际交往和社会适应是幼儿社会学习的主要内容,也是其社会性发展的基本途径。幼儿在与成人和同伴交往的过程中,不仅学习如何与人友好相处,也在学习如何看待自己、对待他人,不断发展适应社会生活的能力。良好的社会性发展对幼儿身心健康和其他各方面的发展都具有重要影响。"因此,社会化最终还是要落实到每一个儿童富有个性的成长上。儿童各不相同,不能一刀切、齐步走,要关注个别差异,让每个儿童都能像他(她)自己,都能成为他(她)自己。

(四) 从赏识儿童和拥有接纳开放与接纳的心态开始

反向社会化是家长向儿童学习的过程,需要家长放下身段,贴近心灵,真正去感受儿童的情感、愿望和态度,解读他们的行为,感受他们的长处,同时改正自己的不足。因此,反向社会化是家长改变和提升自己的过程。对家长来说,能否实现反向社会化,一方面取决于是否能看到儿童的优势和闪光点,有没有对照自己,发现差距。就像有的家长感受到了儿童比自己更有礼貌、更有规则意识,觉得自己没有儿童那么真诚。因此,家长的态度和认知是反向社会化的基础。要做到这一点,家长必须平等地看待自己和儿童,不抱成见,抛弃权威感,真心与儿童平等对话,客观看待自己和儿童,真正感受童年的力量。另一方面,当家长发现了自己的问题和不足时,是否愿意承认和改正,是否真正愿意以子女为师,这是反向社会化取得成效的关键。

从本书中所提的众多故事中,我们可以发现,家长的心态、观念非常重要。如果不能调整好心态,一直不愿意把自己和儿童放在同一个层面上,总是高高在上,那么就不可能真正欣赏儿童和反思自己。心态的关键是观念。丰子恺先生是父母的好榜样,他欣赏儿童,理解儿童,羡慕童年的纯洁和美好,愿意向儿童学习。在故事中,很多家长也是经历了一些事,感受到了儿童的力量,感受到了童年的魅力,开始改变自己。因此,如果不能触动家长的心灵,家长是难以形成正确的态度和观念的。所以,对家长来说,要从与儿童相处开始,在共同活动和真情陪伴中,去了解和理解儿童,不断完善自身的儿童观和教育观。

任何人的进步和发展,首先应该是自己愿意改变。这就需要有开放和接纳的心态。开放意味着无界限,一切对自己有益的信息都应该关注,不要因为面对还需要自己照料的幼小儿童而关闭自己心灵的窗口。在开放的基础上勇于接纳,哪怕有益的信息是来自儿童的。只有这样,家长才能真正实现自己的改变和发展。

第一部分

母亲与子女

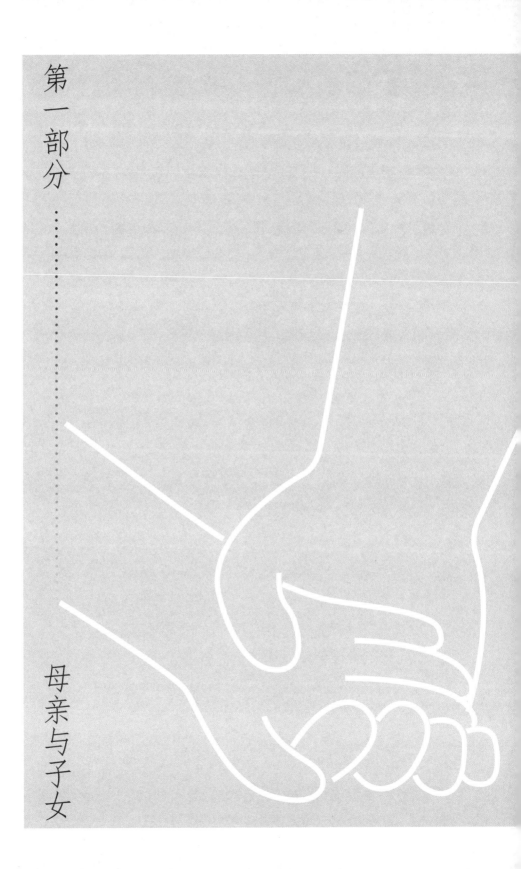

1 向孩子学习

主人公：格格
年龄：7岁半
班级：小学一年级
性别：女孩
分享者：格格妈妈

格格是一个活泼、开朗、胆大、调皮的小姑娘，如今已是一名小学生了。她离开幼儿园已有大半年光景了，但这个个性鲜明的小姑娘在幼儿园三年的时光里的收获将使她受益终身。作为一个二宝妈妈，我深切地感受到自从孩子们呱呱坠地，我们除了哺育之外就是一直在教他们各种技能，教他们学习爬、走、跑、吃饭、说话、阅读、各种自理能力……让他们被爱、感受爱，总希望把我们知晓的整个世界都教给他们。我们自己远去的童年已经模糊，在陪伴孩子们的过程中，他们也能让我们用孩子的眼光去看这个世界。陪着孩子们，我们一起看春天的百花齐放、姹紫嫣红，冬天的雪花飘飘、银装素裹。我非常喜欢那首散文诗《牵着蜗牛去散步》，它让我懂得教育孩子就像牵着一只蜗牛在散步。孩子们让我们慢下忙碌的脚步，仔仔细细来看看这美丽的世界，真真切切地感受祖国的飞速发展、城市的日新月异。的确，是孩子改变了我们！

格格从小有一个"特点"，那就是做她喜欢做的事情时，她的耳朵就会"关机"，这也是我甜蜜的烦恼。她是一个非常喜欢画画和做手工的小姑娘，一旦画画或者做手工的时候，那种全神贯注的状态，就似乎忘记了周围的一切（包括老师和妈妈的呼唤）。从她在小托班接触到涂鸦和手工开始，我就发现了她这个"特点"。我是一个在工作和生活中计划性都比较强的人，对什么时间该做什么事，安排得很有规律。特别是在我当了妈妈之后，我对于他们每天吃多少、几点起床、几点睡觉、几点运动、几点阅读等都有个大概的计划。可是，格格在生活中总是在不断让我刷新自己的认知。只要她在画画、做手工，无论我怎么提醒她时间到了，该去做下一件事了，只要我没有"肢体"语言，她的耳朵就是如同"关机"一样，深深地沉浸在她的世界里，其他一切都听不见。这种沉浸和投入的状态在她入园之后又给我带来了很大的困扰。当格格沉浸在自己的世界里的时候，即使该活动结束要进入一个新活动了，她依然耳朵"关机"，不能融入集体的下一个环节的活动中。所以，当小朋友们归位了，她总是最后一个，慢悠悠地回到座位。与格格的老师沟通之后，我们认为应当培养格格的规则感，但同时我又感受到一丝焦虑和迷茫，看着一天天长大的格格，这个规则感又该如何培养呢？专注力和规则感都很重要，我们又该怎样让她协调好呢？

在之后的日子里，我决定在日常生活中去有意调整。有一天，我和我的老班长一家聚会，那时候格格已经是大班的小姑娘了。在吃饭之前，她用油泥在捏她的海底世界，各种鱼儿、珊瑚，个个都栩栩如生，就这样过了很长的时间，她很快乐，我们也很安心。到了吃饭的时间，我叫她一起吃饭，然而她的耳朵却保持着"关机"，任我叫她一遍、两遍……这让我心里的火苗直冒！这时候，已经是大学心理学老师的老班长阻止了我，他告诫我说："你知道吗？你在破坏孩子的专注力。你千万不要这样！"这个时候，格格得到了支持，耳朵突然能听见了，只见她慢悠悠地对我说："妈妈，你说的话我听到了，等我做完就会来吃饭。"老班长立刻就对格格一顿表扬，他说："格格，咱做事有始有终，真是太棒了，希望你一直保持哦！"这个小"人来疯"好像得到了莫大的鼓舞，接着捏她的海底世界了。等后来格格再大一些了，这个胆大的小姑娘对我说："妈妈，你放心，你让我做完我的事就会来了，这样我的耳朵也不会关机了。"依稀记得，该如何协调好对喜欢的事情专注去做和遵守集体的规则感这个问题，曾经让我纠结了很长一段时间，最终格格的理解和配合使我的情绪得到了很大的舒缓。

▲ 格格在做手工

▲ 格格在看"做糖画"

记得格格大班毕业时，幼儿园举办了各种丰富多彩的活动，其中有打水枪、玩水等孩子们都非常喜欢的活动。玩水，当然也是这个调皮的小姑娘的最爱活动之一。我有幸作为家长志愿者来到幼儿园帮忙，然而在众多打水仗的孩子中居然没有看到格格的身影。我心里在犯嘀咕：小朋友们在各种户外活动中玩得热火朝天，怎么没有看见她呢？我到各个活动教室去找她，终于在做糖画的教室里看到了她。只见格格趴在做糖画的叔叔旁边聚精会神地看着，津津有味地听着，一动也不动。旁边的同伴换了一波又一波，她始终趴在糖画叔叔身边看着，真是着了迷！我走到她身旁，告诉她操场上打水仗可好玩了，奇怪的是她的耳朵又"关机"了。我告诉她还有很多好玩的项目她可以去玩，格格似乎就是听不见，这只能让我在旁边干着急。这次活动一结束，格格绘声绘色地告诉我糖画是怎么做的，而且说她也会做了，要回家试一试，她还说："这可是我们国家的特色民俗呢。"一回到家，她就开始做糖画。当她在做糖画的时候，我内心突然在想，孩子往往有她的想法和方式，然而我们家长却总是把自己认为好的、对的传递给孩子，这实际上并不一定是孩子所需要的，还很可能妨碍了孩子的独立思考和选择。

现在，格格已经进入小学一年级了，她在做喜欢的事情时耳朵会"关机"

的问题还是没有改变。有一次,她在做一个电动传送带运送货物,因为传送带的履带不够长,有粘贴的部分只要稍微松了一点,传送带的速度就跟不上来。我远远地看着她目不转睛、孜孜不倦地拉紧履带,直到最后黏合紧凑,传送带的速度跟上来,她才露出笑容。她一个人做了多久,我就远远地看了多久。我在想,格格这种孜孜不倦的专注做好一件事情的精神不正是我们成人都要学习的一种状态吗?

由于疫情影响,很多行业受大环境影响,持续不景气,这也带给我很长时间的困扰。作为团队带领人的我,极易受外界影响而心浮气躁、心烦意乱,不能静下心来,也不能理出一个头绪带领我的团队"突出重围"。看着专注做事的格格,我不禁豁然开朗,既然我不能改变什么,何不专注于当下,苦练内功,守住本心,静待行业好转?我相信我们离那一天不再遥远,也许就在不远的某一天。就在这一刻,我不平静的心突然放下了。看着此时还在不断试验着各种操作材料的格格,我的心突然泛起一圈圈幸福的涟漪。

▲ 格格在剪纸

▲ 格格的剪纸作品

每个孩子都是有特性的,都有她与生俱来的气质。作为家长,我们只能是引导孩子,而不是用我们固有的思维和自认为正确的方法去改变孩子。每个孩子都是一个不一样的、独立的个体,只要他们都能健康成长,百花齐放才能汇聚满园春色。

童年难得是"沉醉"

这是一个关于小女孩格格精神"沉醉"和耳朵"关机"的故事。格格经常沉迷于自己喜欢的事,只要兴趣所致,她可以不看、不闻周围的一切,甚至可以忘却吃饭。从格格妈妈的描述里,我们可以发现,格格完全投入到了自己的探索、创作和解决问题的过程之中。这种热情、专注、投入的状态恰是有效学习的重要特征,也是做一个终身学习者应该拥有的素养。由于格格的投入有时会突破其妈妈认定的秩序和常理,所以妈妈会着急甚至不耐烦,还会催促,并觉得这是一个问题。因为大部分成人关心的是时间和节奏,关心的是自己内心的秩序,很少理解儿童所做的事,以及儿童对面临的任务的兴趣和坚持。从这个故事来看,格格有自己的标准,有自己的行事风格,有明显的独立精神,有很好的坚持性,且能坚持完成任务。这是很好的学习品质,也是我们观察和理解儿童学习和发展的最为重要的方面。对儿童来说,学习主要有三个层面:一是知道一些什么,这是知识层面上的;二是会做一些什么,这是能力层面上的;三是为什么会这样做,这是在学习过程中呈现的状态和心智倾向,也是最为重要的方面。故事中的格格明显达到了第三个层面,而且已经一以贯之,形成了自己的学习风格。

故事中的妈妈从不理解到理解,后来愿意陪伴格格持久探索,并且最终从格格的学习品质里得到启发,认为自己对所面对的现实生活也需要耐心、坚持和守候。当然这些并不是格格直接"教导"的,而是妈妈在对格格行为和心理进行认知、分析和理解的基础上,自发形成的想法,并愿意改进自己的行为,这就是格格对妈妈思想和行为的影响,也就是反向社会化的效果。

2 "杂学家"妈妈是怎样炼成的

主人公：庆庆
年龄：4岁7个月
班级：小班
性别：男孩
分享者：庆庆妈妈

精通六艺的孔子因参与"两小儿辩日"而尴尬落败，感叹学无止境；成为一名"为什么小弟弟"的妈妈后，我经常因他百科式的问题和质疑而无法应对，继而感慨学海无涯。

与我们这些80后的家长们的成长环境不同，现在的孩子身边充盈着各种信息渠道：形式丰富的少儿读物、电视节目、线上课程，甚至还有五花八门的自媒体信息。如今的世界对现在的孩子来说不是眼前的目之所及，让他们更早地接触了广阔的时空，思考了更多有关生命、自然、科学等方面的问题。因熟读过《十万个为什么》而沾沾自喜的我，渐渐难以"招架"自己孩子提出的"为什么"，每天都在为自己的榜样地位而不懈努力着。

我家的"为什么小弟弟"——庆庆虽然只有4岁，但对机械工程方面的知识非常感兴趣，但作为妈妈的我对此知之甚少。某年，我家小区附近建成了一座火车头公园，那里展示了一辆蒸汽火车。当庆庆第一次走近轮子都比他高出2倍的蒸汽火车时，不像别的孩子要立刻攀登上去看看，而是围着蒸汽火车转了一圈，仔细看了看外露的结构，然后向我介绍他的发现。

"这是乘客坐的车厢，这是大轮子，这是小轮子……"

我边随着他的步伐边"嗯嗯"地回应着。

"为什么有大轮子和小轮子？"

"嗯?"

"这是什么车厢,没有窗户吗?""大轮子上怎么还有杠杠啊?"

"嗯……"

正在这时,近处的游客偷瞄着我,似乎替我这位只会各种"嗯"的妈妈捏一把汗。

当我们回到家后,庆庆意犹未尽地拿出了他的玩具火车在地板上玩着。这是一辆写着"北京—上海"的绿皮火车玩具。突然,他拿着这辆绿皮火车跑到我面前说:"这辆火车和公园的火车怎么不一样啊?我喜欢公园里的火车!"

"公园里的是蒸汽火车,你这辆是柴油火车。"谢天谢地,我终于能回答出一个问题了。

"什么是蒸汽火车,什么是柴油火车?"他继续问道。

无奈,该来的总会到来。于是,我在网上立刻查找相关儿童读物后选择了《揭秘火车》这本图画书。收到书后,我们母子俩怀揣着不同的心态如获至宝地一起阅读。这本图画书不仅细致生动地揭示了不同火车的工作原理,还介绍了火车的发展史和相关的趣味知识。收到书的那天,我们一起反反复复地阅读了3遍,之前的许多疑问当然迎刃而解。庆庆随即也开启"一周一梦想"的仪式,大声宣告:"我长大要当蒸汽邮政列车司机!"我自己也觉得蒸汽时代的历史伟大而壮阔,为此开启了我自己的涉猎时光。

后来,我们又去了火车头公园,我和庆庆一起重新审视了这辆火车的每一个部分。在火车头公园一处有关于火车发展史的壁画,庆庆也总是让我一遍又一遍地念给他听。我们读着壁画里火车的历史故事,耳边响起不远处南京长江大桥上驶过的火车的鸣笛,这次的"火车之旅"对我们来说也是一种浪漫而满足的收获。

▲ 火车

作为一名母亲兼幼儿园教师,我渐渐地成为一名"杂学家"。孩子的问题督促着我不安于工作的"一亩三分地",鞭策着我去重新认识这个世界,这使我的眼界和知识为了能跟上孩子思考的脚步而不断拓宽、丰富。我开始阅读《国家地理》《博物》,在社交媒体上也关注了更多知识博主。这样,在幼儿园工作中,我有了一定的知识储备,在面对孩子们探索时的小疑问,也能积极地引导与回应,并能在生成的活动中有效筛选、深入孩子们的探究,形成了我与孩子们相互成就的良性循环。

子曰:教学相长;J. K. 罗琳受巫师装小男孩启发开启"魔法纪元";丰子恺和毕加索的笔触被儿童赋予神奇……人类一代代地更迭,不仅仅是机械的进程,更有交融、互助、启发与自省,成为彼此契合的齿轮推动着人生与历史滚滚向前。

儿童触发了成人学习的积极性

这个故事向我们呈现的是一个好学的庆庆"培养"出了一个愿学的妈妈的故事。现代社会多媒体的信息丰富多彩,既充实了儿童的生活,也激发了儿童的好奇心和求知欲。这就是媒体信息对儿童社会化的影响。大部分男孩都对机械之类的知识感兴趣,而这往往可能是妈妈们的弱项。所以庆庆的广泛兴趣和好问的习惯,肯定会让妈妈感到难以招架。庆庆妈妈要做"权威"妈妈,就必须付诸行动,不断地学习。

庆庆给妈妈施加的知识压力的确促使妈妈开始不断地学习。庆庆妈妈的学习既是为了庆庆,也是为了更好地工作。其实,任何人都应该了解一些基本的科学常识,但那些并不是天天要使用的常识,总是会被忘记的。所以,人们需要不断地学习。成人要成为终身学习的榜样,要让儿童感受到成人也是热爱学习的,学习是件快乐的事。庆庆妈妈在认识上到位了,行动上落实了,这一切都是好学、好问的庆庆给予的启发和促进。

3 深究"为什么"

主人公：珰珰
年龄：4岁1个月
班级：小班
性别：男孩
分享者：珰珰妈妈

  活泼的珰珰是一位爱车的小小男孩，总是喜欢坐在电瓶车上欣赏沿途的各种车辆：洒水车、垃圾清运车、公交车……

  一天，我骑着电瓶车带着珰珰路过一个十字路口时，恰好赶上左转箭头的绿灯亮了，正指向我们要去的方向，于是我赶紧转动车把手，准备加速前进。坐在前方座椅上的珰珰感觉到了我的意图，摸着车把手大声说："妈妈！快减速，不能转弯！"我赶紧刹车，再三确认，马路对面左转弯的灯的确是绿色的。于是我耐着性子解释了一句："绿灯亮了，是可以过去的。"我边说边加速地通过了空旷的路口。可珰珰还在"不依不饶"地嚷嚷着："妈妈，这样的绿灯我们是不能转弯的！"直到回到家，他还在嘟囔着这件事。见他如此纠结，我这才静下心来询问："当时明明是绿灯啊，你为什么说不能转弯呢？红灯停，绿灯行，我们遵守了呀。"珰珰认真地看着我的眼睛说："那个灯不是给我们看的，我们要'直角拐弯'。"我问他："你怎么知道的？"看我一脸的不相信，他更急了："我和外公出去玩的时候，看到警察叔叔和一个骑电瓶车的叔叔说的，警察叔叔说的一定是对的。"真有这样的规定吗？看到我将信将疑的样子，珰珰提议道："你拿手机查一下嘛。"

  于是，我们俩把脑袋凑在了屏幕前，开始"查找资料"。在检索的过程中，我数次以为这个毛毛躁躁的小男孩会禁不住美食的诱惑、玩具的吸引而跑开,可没想到他面对着满屏的汉字竟然坐住了,主动提醒我将看到的内容读给他听。在听到一些模棱两可的回答时,在我武断下定论说"看哪种灯都可以"时,在被我质疑时,他都会央求我继续查阅下去。在他的陪伴下,我们最终在网络上众说纷纭的各种问答中找到了一份摘取交规中的内容并进行了翔实解读的回答。我将此整理如下。

有关信号灯的说明

· 在设置有非机动车信号灯的路口,应当按照非机动车信号灯行驶。在未设置非机动车信号灯和人行横道信号灯的路口,非机动车和行人应当按照机动车信号灯的指示通行。

· 非机动车信号灯是指由红色、黄色、绿色3个几何位置分立内有自行车图案的圆形单元组成的一组道路交通信号灯,指挥非机动车通行。

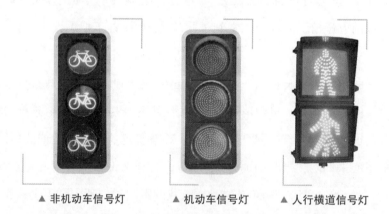

▲ 非机动车信号灯　　▲ 机动车信号灯　　▲ 人行横道信号灯

· 机动车信号灯是指由红色、黄色、绿色3个几何位置分立的无图案圆形单元组成的一组道路交通信号灯,指挥机动车通行。

· 驾驶自行车、电动自行车、三轮车在路段上横过机动车道,应当下车推行,有人行横道或者行人过街设施的,应当从人行横道或者行人过

> 街设施通过；没有人行横道、没有行人过街设施或者不便使用行人过街设施的，在确认安全后直行通过。此时，电动车由非机动车转化为行人，需要按照人行横道信号灯的指示通行。

机动车信号灯强调"无图案圆形单元"，所以"箭头图案"的方向指示信号灯等其他交通信号灯，非机动车是不应当遵循的。这下我们终于弄明白了，"箭头图案"的方向指示信号灯是给机动车看的，我们骑的电瓶车属于非机动车，应该看非机动车信号灯或人行横道信号灯，在没有这两类灯的路口，再看机动车信号灯。

了解了有关信号灯的说明后，我认真地向珩珩道歉，并请他当我的"安全提醒员"。我对他说："以后出门时，如果妈妈有不注意交通安全的错误做法，也要拜托你来提醒我哦。""我可以的！"珩珩一边开心地点着头，一边说着自己的"口头禅"。从此，我有了自己专属的"安全提醒员"，也收获了一位督促我进一步深究"为什么"的小伙伴。

当我回想起因为工作或家事繁忙而敷衍地凭经验回答孩子所提出的问题时，在孩子提出自己的想法而又被我简单粗暴地驳回时，孩子那懵懂又沮丧的表情，让我心里很不是滋味。虽然很多时候他会畏难、会哭闹、会逃避，但其实小小的他，也有着坚定的心。作为成人的我，不应仅仅凭着经验去简单粗暴地处理问题，而应在力所能及时，带着求知欲，带着想去了解的心，慢下步伐与孩子一起探寻。在与孩子相互陪伴的人生中，我们一起成长，一同去见一见之前未留意的沿途风景。

像儿童一样深究"为什么"

珩珩是一个对交通规则很敏感的男孩,他能记住和理解一些规则,并要求妈妈执行。当妈妈违反交通规则时,他表现出不高兴,并反复强调妈妈是错的,还与妈妈一起查找相关的规则,直到妈妈发现自己的错误,并向珩珩道歉。这说明了珩珩对交通规则的敏感和坚持。

珩珩的规则又是从哪里来的呢?原来是跟外公骑车时听交通警察跟其他骑行人说的。可以看出,他对警察的话是深信不疑的。更可贵的是,珩珩对交通规则十分敏感,即使在马路上那么人车嘈杂的地方,竟然把规则听进去并记住了。这就是社区生活的社会化,珩珩在社会生活现场知道了一个新的交通规则。当然,珩珩在幼儿园也可能玩骑行和交通管理的游戏,经常跟父母外出也会遇到交通规则的问题,这些情境中的学习是真实的、具体的、具有建构意味的。

家里有珩珩这样的孩子,家长不可能不受教育。珩珩的优势不只是在于他知道规则,还在于他严格要求妈妈执行规则。珩珩妈妈看到了珩珩的知识优势和品格特质——坚持性和规则意识,愿意向珩珩学习,愿意让珩珩来监督自己,这就是态度、认识和行为的全方位的进步。这也是孩子带给家长的可贵之处。

4 我养育了他，他治愈了我

小主人公：乐乐
年龄：6岁
班级：大班
性别：男孩
分享者：乐乐妈妈

有人说，父母是孩子的老师，孩子是父母的样子。我常常觉得自己会成为孩子成长中的一个榜样，但其实，我在教孩子成长的同时，孩子也在治愈我的内心。

这件事发生在乐乐上小班时，那天是"三八节"的前一天，幼儿园举办了妈妈节亲子活动，邀请孩子和妈妈共度半天的亲子时光。其中有一个亲子游戏，就是让妈妈站在一块布后面，然后把手伸到外面，小朋友通过看手来找到自己的妈妈。我原以为，乐乐会找错我的手，谁知道，他一下子就拉住我的手，并且大声地喊："妈妈，我就知道这个肯定是你。"然后我们相拥在一起，抱起孩子的那一刻，我的内心是无比的幸福。在活动的尾声，乐乐班的老师贴心地为小朋友们录制了一段视频并剪辑在一起，视频主题是宝宝心中妈妈的样子。

在视频里，班上的小朋友们谈着各自对妈妈的观察：有的说，我的妈妈很漂亮；有的说，我的妈妈很能干，会给我做各种好吃的；有的说，妈妈会给我买玩具、讲故事……我的内心充满了期待，轮到乐乐的时候，他就唱了两句"祝你节日快乐"，然后以一句"妈妈我爱你"结尾。当时，我的内心特别地失望。晚上我又认真地看了一遍视频，内心有股小火苗在燃烧。我问乐乐，妈妈没有给你讲故事吗？妈妈没有给你买玩具？妈妈没有陪你出去玩吗……乐乐看看我,给我的回答都是肯定的。我就纳闷了,就问他:"那你为什么不说? 你不会夸夸妈妈吗?"他低下头,小声地回了我一句,说他也不知道。我问他, 那你唱歌也是老师让你这样做的了? 他说,是的。我当时感觉自己特别生气,又反复地问他:"你不喜欢妈妈了吗? 妈妈做了这么多,你怎么都看不到, 什么都不知道?"那一刻,忽然我又觉得自己很委屈,自己为孩子付出了很多, 但是孩子却看不到,也说不出来。乐乐可能是被我问得有些难受,也或者是被我步步紧逼的态度吓到了,于是他就哭了……我看他哭,内心无限地翻腾。 就这样,那天我俩闹腾了好久,直到他睡着了。

▲ 乐乐和妈妈在一起

那一晚,我辗转反侧,起身看他熟睡的小肉脸,香香的,软软的,忽然觉得自己很蠢。我为什么要这样逼问孩子? 我问自己,自己的付出难道是要孩子回报的吗? 他现在是我的责任,我有义务抚养他长大,教育他,但他也是独立的,不是我的附属品。我忽然就想开了,原来是自己钻进了"死胡同"。很多时候,其实不是孩子没有看到,而是孩子不知道怎么去表达。我又反复地看了很多遍乐乐唱歌的视频,能够感受到他的那种忐忑不安,那种局促感…… 不管他用什么样的方式,哪怕只是一个牵手或者一个拥抱,这都是他对妈妈爱的一种表达，我又何必要局限于某种固定的形式呢？内心觉得对孩子很抱歉，我不应该强迫他，给他压力，他只是一个4岁左右的孩子。第二天早上，我对昨晚的事情向乐乐说对不起，我告诉他，妈妈很爱他，不管他是什么样子，妈妈都很爱他。他搂着我，奶声奶气地说："妈妈我也很爱你，你是我的好妈妈。"

这件事后，我也向幼儿园的老师了解了当时录视频的情况。老师说，乐乐很腼腆，能看出来他也很想表达一些什么，但不知道怎样去表达自己，所以才提议他可以说节日快乐。老师对我说，是不是有点太心急了，乐乐还是个小孩子呢，别急着把他当作大孩子来对待。

后来，我常常回忆日常生活中对乐乐的一些要求，常常觉得他应该能如何，但其实那只是我自己的想法。孩子需要慢慢地长大，家长只要耐心地陪伴与等待就好。这件事也影响着我在生活中放慢自己的脚步，让自己的内心不再那么急躁。

▲ 喜欢搭建

其实，乐乐带给我的不仅仅是心态上的改变，还有如何对待爱好或者说生活态度。我从来没有发现身边有哪个小孩像乐乐这样喜欢乐高，以至于能够到痴迷的程度。每次买回来的乐高主题积木，对他来说都是一个新的挑战。他拆开包装就废寝忘食地拼着，如果晚上没有拼完，第二天就会很自然地早早醒来，穿好衣服，坐到桌子跟前，默默地拼起来，一直到这个作品完成才算结束。他在幼儿园最喜欢玩儿的可能就是搭建区的游戏了。我从老师的照片中发现，他在搭建区出现的频率最高。大班的时候，有一天从幼儿园回来后，他很骄傲地对我说，今天班上有一个小桌子，是他跟小朋友们一起拼起来的，"当然我是主力"。后来班上的老师告诉我，的确是这样的，当时还有一个地方大家都弄错了，只有乐乐发现了错误，并且一直坚持着，最后有小朋友不感兴趣地走开了，他还在那里尝试着、研究着，最终把这个小桌子组装完成了。我特别喜欢乐乐认真的样子，非常投入，全神贯注。有时候，我想想自己对待爱好的态度，比如，买回来的书籍，常常是看了个开头就放弃了。于是，我开始向乐乐学习，就拿阅读这件事来说，我给自己列了计划，每天睡前阅读半小时。乐乐看我读书，他也会拿一本绘本坐在我身边看起来，就这样我们各自看各自的，互不干扰。当然，更多时候，我们俩会一起阅读，我读给他听。除此之外，有时候，我们会对故事内容展开讨论；有时候，他会把与故事有关联的其他绘本一起找给我看，十分得意扬扬；有时候，他也会针对书上的某些话题告诉我他的想法，常常表达他眼中的世界，这真的让我觉得不可思议，充满神奇的乐趣。我们就这样相互鼓励、相互坚持着睡前阅读半小时，一直到现在。在睡前阅读中，每当看到他满足的样子，我的内心便被温暖包裹得满满的。

在和乐乐相处的时光里，我养育了他，他治愈了我。

向儿童学习是理解儿童的方式

一个家长对自己子女的期待怎样才是合适的？尤其是在有比较的情况下，怎样理性地把握这个度，如何从孩子的实际出发，客观地看待其表现，这对每一个家长来说，都是一个挑战。这里还有一个心态的问题。乐乐妈妈就经历了这个过程，刚开始对乐乐的期待高了一点，而且还表达出了自己的不满足，结果双方都很受伤。好在乐乐妈妈终于明白过来了，乐乐会害羞而不善表达，因为他仅仅是个小班的孩子。

我们真的希望有更多的妈妈能在这一点上清醒过来。这个关键问题明确了，那家长的期待和行为就可能趋向合理，否则让孩子受罪，自己也窝火。乐乐妈妈理解了这一点，这是她从孩子身上感悟到的经验，对她未来与孩子共同生活、共同成长非常重要。

儿童既有不足，也有长处。乐乐妈妈能看到乐乐的长处，那就是他喜欢建构类游戏，能坚持不懈，有任务意识，能努力解决问题。这些都是儿童的重要的学习品质。乐乐妈妈也意识到，有些事情如阅读，自己也经常做不到，应该向乐乐学习，拿出具体的行动，于是开始改变自己。母子俩相互鼓励，相互学习，不断进步。因此，反向社会化不是一蹴而就的，是一个互动的、建构的过程。

5　践行儿童立场的前提是承认并相信儿童

主人公：安安
年龄：6岁3个月
班级：大班
性别：男孩
分享者：安安妈妈

　　作为一名小学教育工作者，虽对儿童立场的理论阐述早已烂熟于心，但在面对真实的儿童时，我却往往因受成人思维桎梏、对所谓效率的追求而难以有效践行。让我对儿童立场理论从"知道"到慢慢学会真正"做到"的转变，缘于安安参加幼儿园"小鸭养殖行动"中的持续表现。

　　记得有一天放学，刚出班级门口，安安就兴奋地对我说："妈妈，我们班今天来了5只小鸭子。邢老师说我们以后要负责照顾它们，我今天回家就让奶奶和我一起准备吃的，明天带来喂小鸭子。"听着安安一路上滔滔不绝地描述小朋友们看到小鸭子后的兴奋和好奇，讲述着他们准备怎么怎么做的美好计划时，我只是听着，但内心却并不看好，心想"你们这么小，也没有经验，养鸭子也是说说而已，估计养的时间肯定不长，没准过几天这件事就会不了了之"。

　　一个星期过去了，一个月过去了，误以为只是幼儿园的一个短期教学活动的我不得不承认，孩子们对养小鸭子这件事是很认真的。在孩子们的努力参与下，这个"小鸭养殖行动"居然持续了将近一个学年。在这个活动的前两个月，邢老师带领小朋友们观察记录小鸭子生长、轮流喂养小鸭子、打扫鸭舍，并开展与小鸭子相关的画画、音乐、手工、阅读主题活动等。在活动中，安安对5只小鸭子的情感越来越深。随着小鸭鸭们一天天长大，天气一天天变冷,安安在照顾小鸭鸭们这件事上又有了新主意。有一天早晨起床穿衣服时,安安突然冒一句:"妈妈,天冷了,小鸭子肯定也会觉得冷,怎么办好呢?"我没有直接给答案,而是把问题推抛给他:"要不你今天和小朋友们一起商量商量有哪些解决办法?"没想到,白天安安就和小伙伴们商量起来,后来在邢老师的组织下,他们还成立了"鸭鸭特别行动队"。其中有一项任务就是为小鸭子建新房子。建什么样的房子?在幼儿园哪里建?房子要用什么材料?怎么建……安安和小伙伴们提出了一系列问题,有些也完全超出了老师们的预料。那怎么实施?庆幸幼儿园的田野课程理念给了孩子们自由想象、自主选择的空间与权利,加之老师们的放手和尊重,让孩子们的民主意识得到启蒙。一开始,孩子们围绕建什么样的鸭舍先各自画出了理想中的样子,然后由每个小朋友在幼儿园里当场设计,并把自己的想法说给全班小朋友们听,最后再经过全班投票选择建哪种鸭舍。

　　设计屋舍不应该是专业人士的工作吗?小孩子,尤其是幼儿园的小毛娃能设计出什么方案?即使能设计出来,也是图纸一张,具有可操作性吗?能变成现实吗……我的一连串疑问和不信任再次冒出来。可是,很快我的这些怀疑和忧虑被证明是多余的。有一天安安回家后兴奋地告诉我说:"妈妈,园长老师同意我们的方案了,而且我和赫赫两个不同的方案都可以在幼儿园实施。"什么?两个方案?都可以在幼儿园实施?这太出乎我的意料了,然而听着安安讲述自己的方案,我好像也有点期待鸭舍建成的样子了:一个有栅栏的小木屋,配上可以透进阳光的玻璃窗,小鸭子在寒冷的冬天里沐浴在阳光下,惬意地吃着食物,这场景也太温暖了。

　　方案是美好的,如何落实又成为我心里一个大大的疑问。在接下来的活动进程中,幼儿园邀请了专业人士对鸭舍的建造进行了详细的讲解和指导,孩子们也在为鸭舍的建造挖土、搬砖、推土,忙得不亦乐乎。更让我惊讶的是,有一天安安回家后对我说:"妈妈,长大以后我也要当一个像赫赫爸爸那样的建筑老师。"安安长大以后,是否能成为大学建筑系里的老师不得而知,但从一个主题到一生志向的确立,这些活动都在潜移默化中影响着孩子的成长。而这也是我们相信孩子所获得的正向反馈。

▲"鸭鸭特别行动队"里忙碌的安安

虽然因为疫情,孩子们建好的鸭舍最终没能迎来他们的好伙伴——5只可爱的小鸭子,但活动并没有因此结束。按邢老师的话说,"我们的主题活动更多的是在动态中生成,因为是孩子们的需要、孩子们的想法激发着老师们继续往下走"。如何看待小鸭子的离去?如何让孩子们认识生命、尊重生命?老师们的做法又给我们家长们上了一课。老师们除了在幼儿园进行"我与鸭鸭"的故事绘画与手工创作外,还进行全园的"鸭鸭特别行动队"橱窗展览,以特别的方式和仪式帮助孩子们留住童年那抹彩色记忆。更为重要的是,邢老师为此还通过"幼儿园池塘观察"活动,让孩子们明白生物链、生命的意义;通过阅读与生命主题相关的书籍,在制作读书笔记过程中,与家人的讨论中,激发孩子们对生命的珍惜与关爱;甚至在红山动物园"轴子"小考拉的认养活动中,让孩子们通过爱心义卖,了解社会,献出爱心,体悟着人与自然和谐相处的重要性。

"小鸭养殖行动"的活动虽已过去将近两年了,但对我的影响却是巨大的,它让我明白了儿童立场在一定意义上可能是我们成人教育理念的一种自我救赎,通过它呼唤我们成人对儿童的关注。不管我们成人是否愿意承认,事实就是儿童一直在中央,儿童不需要我们刻意假装或强调把他们放在中央。从某种程度上说,我们承认儿童就在中央的事实,相信儿童,并在恰当的时候提供我们作为成人可以给予的支持与帮助,那么他们就可能自由探索,并给我们带来无限的可能和无尽的创造。慢慢地,在安安的成长过程中,我学会去聆听他的想法,不再用我自以为是的大人想法去左右他甚至是否定他,而是支持他去尝试。即使尝试失败,这也是他成长过程中的宝贵财富。看见儿童,承认儿童的真实存在,并提供儿童成长所需的支持力量,或许这就是我们作为教育工作者践行儿童立场的应有之道。

看见儿童,支持儿童

今天的幼儿园,已经不是过去的幼儿园了。教育观念全面更新,课程改革深入推进,以儿童为本、以学定教的理念深入人心,以儿童立场开展幼儿园的保教工作已经成了基本的习惯。因此,安安妈妈介绍的安安如何坚持不懈、持续深入地开展养小鸭子的活动,并不断生发新的活动,这在幼儿园是很正常的事。一般来说,幼儿园教师了解儿童的兴趣和需要,也相信他们的能力,更重要的是会给予儿童必要的支持和促进。

安安妈妈在安安整个的学习和探索过程中,从一开始的怀疑他能不能做到、做好,到最后确定儿童的潜能是巨大的,儿童能做很多有价值的事,只要他愿意,他一定会尽自己最大的努力去做好。因而安安妈妈能更多地关注安安,听取他的想法,平等地看待他的行为,并适当给予他支持。这才是真正的儿童立场。此外,安安妈妈对儿童立场的新解读来自安安的学习过程,来自陪伴安安的过程,并且是逐步建构和完善起来的。

6 和孩子一起,成长为更好的自己

主人公:小柚子
年龄:5岁3个月
班级:中班
性别:男孩
分享者:小柚子妈妈

一提到孩子,每个父母都有说不完的话题,孩子的成长倾注了我们太多的心血与爱,当然孩子也带给了我们数不清的欢乐。孩子一天天在成长,从牙牙学语、蹒跚学步,到成为中班的小哥哥,孩子的变化带给我们一个又一个的惊喜。其实,孩子的成长过程也是我们父母的成长过程。我们在父母这个学堂里也在不停地学习和成长,我们在教会孩子的同时,孩子也在影响着我们。

从小柚子上小班时,我们就有个约定,每天晚上吃完饭散步时,他给我分享幼儿园里的趣事,他很乐意说,我也很喜欢听。听他分享趣事的过程,也是我学习的过程。印象最深刻的是去年的大雪节气,那天小柚子饭后散步时,

▲ 小柚子与小伙伴学腌肉

▲ 腌肉需要的材料

问我今天是大雪节气,我们家腌肉了吗?我说没有啊,为什么要腌肉啊?小柚子耐心地跟我普及了大雪节气的相关知识,还告诉我,他已经在老师们的教导下学会了腌肉,还知道了各种香料的名字。

二十四节气歌

春雨惊春清谷天,夏满芒夏暑相连。
秋处露秋寒霜降,冬雪雪冬小大寒。

▲ 二十四节气

陶行知先生说过"生活即教育",小柚子的老师们一直在用实际行动来诠释这句话的真正含义。生活是教育的基石和基础,教育是生活的扩展和延伸。我们的生活中蕴含了丰富多样的教育资源,教育也只有真正融入生活之中,才能真正达到教育的目的。为此,在散步后回家的路上,我们买了肉跟香料。在家里,我跟小柚子一边朗诵着《二十四节气歌》,一边腌肉,小柚子还不停地跟我分享着各种注意事项,真是美好的亲子时光。到了春节时,我们吃上了自己腌的肉,并获得了大家的一致好评。为此,小柚子可自豪了,这让我也很骄傲,因为我也学会了腌肉。

"二十四节气"已经在2016年正式入选了世界非物质文化遗产,被誉为"中国的第五大发明"。它是世上最有诗意的历法,是古人对中国古代千年农耕文化的精要总结,是我们中华文明开出的一朵灿烂的智慧之花。这样的传统文化瑰宝,需要我们的孩子们认真学习和传承,而幼儿园的老师们就是传承者之一。在幼儿园里,老师们带着孩子们继续开展着跟每个节气相关的活动,如在春分节气进行竖蛋活动;清明节气做青团等,并学习了每个节气背后的故事,而这些是我以前不曾留意的。因为小柚子的分享,我也认真地学习了每个节气的知识,这是一份爱的传承。

向孩子学习是一种境界,同样是一种灵感,我们应该珍惜。在某种程度上来说,孩子是我们的老师,从孩子身上,我们可以体验更多生活的美好,我们应该心存感激。因为孩子让我们与他共享欢乐,更好地理解生活。向孩子学习,让我们满怀着珍惜和感激来学会倾听、学会沟通,以幸福与好奇的心情,小心坦然地接受孩子发现的"新大陆",一起享受同孩子共同成长的欣悦和惊喜。让我们和孩子一起,成长为更好的自己。

与儿童共同成长

小柚子在幼儿园学习了我国传统的"二十四节气",并了解了关于节气的一些习俗,这是幼儿园社会化的结果。幼儿园里的儿童如何理解节气呢?当然不是背诵,而是操作和体验。儿童是通过实际操作、亲身体验、积极交往来学习的。这的确就是传统文化在幼儿园阶段传承的有效方式。由此,小柚子跟妈妈介绍的内容,就是他在幼儿园所经历和体验的。这一切对妈妈来说,已经淡忘了。

作为家长,如果要成为与儿童的对话者,必须熟悉儿童的话题,这样才可能有共同的语言。从另一方面来说,掌握基本的"二十四节气"常识是成人应该努力做到的。因此,是小柚子启发、激励了妈妈去学习和了解传统文化,并在学习中与孩子深入沟通,共同成长。由此可见,反向社会化始于正向社会化,同时又促进正向社会化。

7 成长之光 照亮一往无前的我们

主人公：小小
年龄：4岁3个月
班级：小班
性别：女孩
分享者：小小妈妈

小小是个早产儿，比预产期早了两个多月，出生时体重为1.58千克，好在医生很"慷慨"地给她评了10分，让全家人忐忑的心安慰不少。所以，你也猜到了她的小名为什么要叫"小小"。我们原本关于一个新生儿所有的远大梦想，在那一刻都变成了"健康就好"的心愿。于是，她的出生，就给我们实实在在地上了第一课：在生老病死面前，你永远不知道老天会给出一张怎样的试卷，与其追问原因或是忧惧未来，不如认真提笔作答。

由于早产，小小的生长发育总是落后于同龄宝宝，那些传统的"三翻六坐七滚八爬"似乎她都没有达标。人们总喜欢讲"赢在起跑线上"，而我们家的情况却是发令枪还没响，宝宝已经准备"弃跑"。原本想摩拳擦掌大干一番的我们，心态也跟着越来越"佛系"。当听到与小小同龄宝宝的现实表现时，我们从一开始的心慌害怕到后来愈发心如止水、波澜不惊。不攀比、不焦虑是小小教给我们的第二课。因为攀比会产生焦虑，然后再将焦虑传导给孩子，从而产生新一轮的攀比和焦虑。小小的早产让我们在攀比的战场上丢盔弃甲、不战而逃，但与之而来的是平静地接受她所有的好与不好，顺应她人生的节拍，而不是拼命追赶别人的脚步。

每个孩子都是父母眼里特别的存在，所以我们总是如有特异功能一般地善于捕捉和放大孩子的闪光点。我发现小小常常都会主动向邻居和陌生人问好,如在小区看到熟人会主动说"阿婆你好",电梯门开了会对陌生人笑着说"你好",这让人家措手不及。这种"社牛"属性也让日渐"社恐"的我大为惊诧和由衷钦佩。我想,大约只有怀抱赤子之心,才能时时不加防备地打开心门吧!这或许是关于"乐观"的一课,从她身上我感觉到"世界虽然很复杂,但我们始终要乐观面对,似乎也没有人会拒绝别人暖暖的问候"。现在我走在小区看到邻居、在单位看到不熟的同事时,也会学着主动微笑问好,并没有原来想象的尴尬场面出现,自己也跟着轻松开朗起来,常常收获的也是对方回应的暖心的笑容。

小小还很喜欢唱歌,平时你对她说:"唱首歌吧,小小!"她都会不假思索地开唱,从不在意自己记不记得歌词、有没有跑调。在去年小区组织的中秋歌会上,她也毫不犹豫地跑上台去唱了一首,尽管没几个人听懂,但并不妨碍她成为那场歌会最小的歌者。反观我,其实是个五音不全的人,这么多年我一直怀疑自己得了"失歌症",并且将这一症状隐藏得很好,我几乎从不当众唱歌,遇到要唱歌的场合也会心慌气短、扭捏拒绝。这或许是关于"勇敢"的一课,在这个勇气可嘉的小孩身上,我发现歌唱或许是人类的本能,并不取决于技巧或水准,我之所以不敢放声一唱,或许是太过在意别人的评价。自此以后,如果让我唱歌,我或许会说:"我要唱了,喜欢的可以给我鼓掌,不喜欢的快捂上耳朵吧!"

这个叫小小的小孩在慢慢长大,常常给予我们惊喜和感动,让我们看到一些最本真的人类特质。我时常想,人如果有第二次成长,那一定是陪伴小孩成长的过程。我们跟着她一层一层剥去岁月赋予的硬硬的壳,露出那曾经柔软光亮的内核,那是关于乐观和勇气的内核。而对于她,却要一天又一天、一层又一层穿上厚厚的铠甲,去爬坡过坎、去披荆斩棘。孩子,加油!让我们迎着光一直向前!

做父母也需要不断成长

早产是小小人生发展中的一个磨难,也对小小的运动能力和身体素质的发展产生了一定的影响。她的发展的水平可能会比同龄孩子低一点,速度可能会慢一点。小小的父母从焦虑到平静其实就是一种自我教育,从关注与其他孩子的比较到关注小小的每一天的发展和发展的每一步,就是父母的进步。这是真实的社会现实和家庭生活的社会化。

人是一个整体,包括身体、情感、认知、社会性等各个方面。因此,人的发展是涉及这诸多方面的完整的过程。按照加德纳的多元智能理论,人的发展有多种智能,每种智能都优异的人是少数,大部分人总是有一些优势智能,而另一些智能弱一些。小小的身体发育慢一些,但她的社会交往能力很强,主动跟人打招呼,对人保持微笑,这是人的重要素质。小小也很勇敢,勇于展示自己的唱歌能力,不害怕、不羞涩,大方展现,自在表达。这些都是良好的品质,对她未来的学习和交往是非常重要的。很幸运的是,小小的这些优势被父母看到了,增强了父母的信心。信心对人来说是极其重要的,因为信心会影响态度和处事方式。

小小的妈妈终于从小小的优势方面得到启发,觉得自己也要改变,并真实地改变了自己,受到了良好的效果。父母和孩子相互搀扶、相互学习,共同成长,这就是家庭社会化的理想图景。

8 快乐单双杠

主人公：辰宝
年龄：3岁10个月
班级：小班
性别：男孩
分享者：辰宝妈妈

辰宝的性格是好动的，但人多的时候又会比较内敛。从学会走路开始，辰宝就喜欢通过不停地运动来探索这充满好奇的世界。

辰宝爸爸平常自己特别热爱健身和运动，每天只要有时间都会去跑步或者玩单双杠。在辰宝2岁不到时，有一次我和辰宝爸爸带他去公园玩，在公园里有一些健身器械，这时爸爸看见了去玩了一下双杠，辰宝看见爸爸在玩双杠，自己也想去玩。他走到爸爸跟前，张开双臂，想让爸爸将他抱上去。爸爸将他放在高高的双杠上，我当时心里很紧张，有些着急地说道："这个双杠这么高，怎么能把儿子放上去呢？摔下来怎么办？快把他抱下来吧！"爸爸说："我就在旁边保护他呢！"辰宝就自己两只手紧紧地抓住双杠，小脸一会儿就撑红了，坚持了5秒钟左右，他终于撑不住了，放开了手。就在这时，辰宝爸爸一把将他抱住。他高兴得咯咯直笑，伸着手，说还要玩。

后来每次出门，辰宝都要去找健身器械。我们家小区里正好有一块健身器械场地，他经常要去那里玩。那里有一处比较低的杠子，他正好能够够到，只见他先用两只手抓住杠子，把双腿弯曲，尝试着离开地面，用手紧紧地抓住杠子，就这样一直吊着，乐此不疲。

在锻炼了一段时间后，辰宝还跟爸爸学会了屈膝前翻，只见他双手紧握单杠，直臂支撑，屈膝前倾，头向下，双腿向后上方顺势前翻。成功了之后，他得到了大人们的肯定,这让辰宝对翻单杠越来越感兴趣。

到了3岁时,辰宝又开始喜欢玩双杠。他两只手一手抓住一边的杠子,直接就翻了过去,一翻还翻好几个跟头。当听到别人说"哇!好棒呀"时,他就越翻越有劲头,还特别高兴地说着:"别人夸我呢!我要再多翻几个。"

看到他这么喜欢翻跟头,在家里我们买了一个单杠和吊环,将单杠安装在门上,就这样辰宝没事就去练两下。单一的游戏已经不能满足他了,不久之后他不但学会了吊单杠,还学会了向前、向后翻跟头,在家练得也更来劲了。

这件事情也引发了我的思考。第一次当我看到辰宝在高高的双杠上时,我心里是很着急的,担心他会从上面一不留神掉下来,但辰宝当时并没有受到我紧张情绪的影响,而是一步一步地慢慢学会手脚并用,有条不紊地从双杠上面稳稳地下来了。当他翻跟头给我看时,给我的感觉就像是一名体操运动员,在双杠上完整、流畅、优美、顺利地完成动作,最后完美落地。我想如果第一次玩就阻止他或抱他下来,也就没有机会欣赏到他后来这一系列的动作了。作为父母,我们真的应该再放手一些,也许他正是根据自己的能力选择了适合自己的运动器械,而我们应该做的就是给他们一些机会、空间和鼓励。

对孩子来说,他们的学习能力是毋庸置疑的,但是能让他们全心全意地去学习一个东西的前提条件一定是真的对这个东西感兴趣。只有在达到这样的前提条件之后,孩子学习东西的能力才能成倍地增长。自从辰宝开始接触单双杠之后,就很喜欢玩单双杠,并且能够坚持下去,有时也喊着累了,但是休息一会儿,他还想继续。这对我也有很大的启发。

记得我小时候由于体质比较弱,每次运动都气喘吁吁的,父母看着也很心疼,所以慢慢就养成了不爱运动的习惯。但自从辰宝经常去玩这些器械后,我也会跟着开始运动起来。我从简单的跑步开始,在进行到一定路程时,会觉得难以坚持下去了,但是继续咬牙坚持下去,就能突破自身的极限,从而使接下来的路程变得轻松。同时,跑步也会增强我的信心,并充分挖掘自身的潜能。就这样,慢慢地自己身体素质也提高了,我也渐渐地越来越喜欢运动了。这也让我深刻地理解了那句话：生命在于运动。运动能增强体质，能让我们精力充沛，让我们大家一起行动起来吧！

跟着孩子"动起来"

故事中，辰宝的形象鲜活、分明，是一个喜欢杠上运动、能坚持不懈的小男孩。辰宝喜欢杠上运动不是天生的爱好，而是受到了喜欢杠上运动的爸爸的影响。因此，父母对孩子的影响是非常重要的，运动项目是如此，其他的行为也是如此；积极的行为是如此，消极的行为也是如此。这就是家庭中的社会化。

辰宝也许真有很强的运动天赋。他在父母和周围居民的关注下，运动能力不断提高，还不断进行创新和变化，继而走向新的高度。这种自我成就感激励着他坚持不懈，展现了他强大的内在能量和善于坚持的意志品质。这些都让辰宝妈妈感觉意外和惊讶，并真正认识到了辰宝自己有能力去应对面临的挑战，也有不断运动和发展的可能性。真正的反向社会化发生在由辰宝的行为引发辰宝妈妈的锻炼，以及克服困难、不放弃而不断改善体质的过程之中。辰宝妈妈的锻炼行为源于辰宝的启发，思想更新了，就有意志力，就会像辰宝一样能坚持下去，并改变自己。

9 我向孩子学勇敢

主人公：团团
年龄：5 岁
班级：中班
性别：男孩
分享者：团团妈妈

"妈妈,这个冬奥绘画比赛我想参加!""妈妈,我愿意去展示我高超的自行车技术!""太好了,我希望代表我们班去介绍警察职业,我可以的!"……自从团团上幼儿园以来,家中经常可以听到他兴奋的声音,这些声音告诉我们,爸爸妈妈,我对一切都充满兴趣,我对自己很有信心,我可以完成老师交给我的所有任务。稚嫩的团团用行动告诉我,他很自信,他有能力,即使还不能完全做好,至少他有勇气去做。

关于勇气和自信,是团团给我上的第一节课。那是在团团刚上小班的某一天。我深深地记得,那天老师在班级群里说:"今天发生了一件有趣又有意义的事情。大滑梯落成典礼会在明天举行。负责典礼规划的大班小朋友送来了一张邀请卡,考虑到安全和场地问题,每个班级会邀请一个小朋友去参加剪彩仪式。这几位小朋友表示自己想去参加,并且能够做到大班的哥哥姐姐提出的三个要求,其余的小朋友进行了投票。"我点开图片,看到了团团的照片,显然,他是"表示自己想去参加"的小朋友其中之一。我心里一紧,开始忐忑。我好奇他为什么愿意主动站出来,也担心他没有收获小朋友们的投票,更害怕万一投票结果不好,又会让他难过,甚至产生阴影。

下班后立刻冲回家,我整理了一下思绪,平复了紧张的心情,带着一丝小心翼翼,开始向他了解今天的投票情况。

"宝贝,听说你们幼儿园的大滑梯建好啦?"

"对呀对呀,建好啦,明天还有剪彩仪式呢!我们班明天会有小朋友去参加,可是我不能去,是梦梦去。"他一向很有倾诉欲,一个小小的问题,就能竹筒倒豆子——都抖搂出来。

"哦?为什么呀?"

"我们今天投票的,投票给她的小朋友最多,所以就是她去。"

"哦,原来你们是投票的呀!那你参加竞选了吗?竞选就是,你跟老师小朋友们说你也想去,然后请大家给你投票。"我盯着他的脸,仔细观察他的神情。

"我当然参加了!"他似乎有一些小骄傲。

"那你为什么参加呀?"

"我想参加呗!"他理直气壮地回答,显得我这个问题毫无意义。幸好,他立刻贴心地继续解释:"那个新的大滑梯很好玩的!而且大班的哥哥姐姐提了一些要求,就是要遵守纪律,要跟小朋友们友好相处,然后剪彩的时候不乱跑,(这些)我都能做到,所以我就参加了。"

"那有小朋友给你投票吗?"快问到核心问题了,我比之前更紧张了一些。

"有一个小朋友给我投票了。"他一边摆弄着积木,一边回答,很是淡定,越发显得我非常不淡定。

"那小朋友给你投票的时候,你是什么想法呀?"我绕着圈儿想探寻他的心理。

"什么想法?"他疑惑地看着我,似乎不知道我想问什么。

"就是有人给你投票,你的心情怎么样?"我试图问得更精准一些。

"小朋友给我投票我还是很开心的。"

"嗯……那如果,我就是假设,如果没有小朋友给你投票,你怎么办呀?"我犹豫再三,还是问出了这个听上去有点"负面"的问题,想更深层次地了解他内心的想法。

"如果没有小朋友给我投票,说明我有时候在幼儿园的表现不太好。我知道了!可能是我太喜欢哭了吧。"他停下手中搭积木的动作,认真思考了一番,突然开始表态:"妈妈,那我以后在幼儿园不哭了,我尽量不哭吧,这样以后别的小朋友就会给我投票了!"

我顺势又鼓励了他一下,结束了这个话题,同时开始反思。在小朋友眼里,站到台前表达自己的想法和诉求、展示自己,似乎是一件很简单的、顺理成章的事情。团团对一项活动感兴趣,就大声说出"我想要";评估老师给的要求后,觉得自己能达到,就很勇敢地告诉老师"我可以";没有得到普遍的认可,就找到问题、解决问题,告诉大家"我改正"。我突然发现,这个才3岁半小小的、敏感的小朋友,其实比我想象中的内心更强大,也比我自己更有勇气。在日复一日的学习、工作中,我习惯于隐藏在人群中,保持中庸。对于本职工作以外一些自我展现的机会,我从来不会主动争取,明明是自己擅长的事项,甚至是在单位已经"小有名气"的特长,只要领导不点名,我就不出头;遇到竞争性事项,我会瞻前顾后忧心忡忡,还没开始就担心没有竞争力,觉得会竞争不上、会没面子,甚至产生"没有参赛资格才万事大吉"的想法。这次跟团团的小小交流深深触动了我,是啊,其实没什么好怕的,自己能做到的,就勇敢去做;该争取的,就坚定地争取;没有竞争上,就努力改正缺点、做到更好。人总是需要通过这样的过程来一步一步完善自己,一步一步绽放光彩的。

从这之后,我开始试着改变自己,向团团学习,跟他一起成长。在工作中,我在岗位调整的同时被借调,遇到从未接触过的棘手事项,我不再迟疑,而是会告诉领导我可以试一试,摸索着去做;回到家,没有系统学过绘画的团团说他要参加北京冬奥会的绘画征集比赛,我也不再担心他的绘画能力,而是和他一起了解北京冬奥会,鼓励他大胆出手、勇敢尝试。在工作中,有创新项目的申报需要现场展示,

▲ 勇敢尝试,参与北京冬奥会主题绘画征集比赛的团团

我说我可以,毕竟经常参加解说演讲,还是有经验的,给我时间熟悉申报内容

就没问题;回到家,我告诉团团幼儿园的升旗仪式需要小朋友骑自行车开场,他说我可以,虽然我还不熟练,但我已经比其他需要辅助轮的小朋友都厉害啦……在工作中、生活中,还有无数个瞬间,我们默契地一起勇敢、一起自信、一起学习、一起成长。

都说家庭是孩子的第一所学校,父母是孩子的第一任老师,但其实,养育孩子的过程,也是父母的再一次学习和成长的过程。我们逐渐成熟,却也悄悄丢掉了自己作为孩童曾有的一些珍贵品质。自我们成为父母,自孩子呱呱坠地,我们似乎与他一起重走了人生路,学会用童眼看世界,用童心感受世界。孩子回馈了我们太多,远不止勇敢,还有真诚、热爱、感恩、温暖、坚持……我想,我们要学的、能学的,还有很多。未来,我们与孩子一定会携手并肩,互相学习、互相勉励,共同成长为更好的自己!

像儿童一样迎接生活中的挑战

团团报名参加幼儿园的大型滑梯剪彩仪式,但竞选落败了。团团就像一切没有发生一样,妈妈却迂回地询问,就怕这件事会影响团团的情绪。这就是成人对孩子的理解,总是投射了自己的意念,其实孩子没有那么复杂。总体上来说,孩子是简单的、真诚的,勇于表达自己的愿望的,他们不会考虑太多的前因后果,呈现的往往是真实的自我。

从团团勇于报名这件事上,团团妈妈对团团有了新的认识,并加以赞誉和肯定,开始反思自己的观念和行为,并向团团学习。团团妈妈学习团团勇敢真诚地表达自己的意愿,以及面对挑战依然坚持努力。团团妈妈也开始勇于表达自己的想法,勇于面对挑战,尽力去完成新的任务。母子相互鼓励,共同努力,不断挑战,正是团团的表现改变了妈妈甚至是整个家庭的生活氛围,让大家共同迎来一种积极向上的新生活。

10 "温柔对待"

主人公：瓜瓜
年龄：5岁4个月
班级：中班
性别：男孩
分享者：瓜瓜妈妈

在一次因刷牙而引发的"母子大战"即将爆发之际，瓜瓜怒吼着对我说："妈妈，温柔对待！"第一次听到他提出这样的要求，犹如一盆冷水哗啦一下浇灭了我心中的怒火，我立刻放轻了声音与他对话，而他也顺从了我的要求自己去刷牙了。事后我满怀愧疚地抱着他问："妈妈刚刚是不是太凶了？"瓜瓜回答我："你如果能像故事里面黄美美的妈妈一样温柔就好了！"当时的我满口答应，一定会做一个温柔的妈妈。然而事与愿违的是，在接下来的日子里"母子大战"依旧随时被点燃，"温柔对待"这句话也似乎成了一句导火索。他越是高喊这句话我越是不愿低下头来，一直僵持到他泪眼汪汪地妥协。

事情的转机发生在疫情期间，被迫居家生活的我和瓜瓜开启了全天候"相爱相杀"的模式。在瓜瓜每天数百遍"妈妈"的"怒吼"中，我终于使出了"温柔"撒手锏，和瓜瓜约定要做"温柔妈妈"和"温柔宝贝"，有需要对方帮助或商量的事情时要温柔地说。而瓜瓜也提出要求："大人有时候也需要听小孩的话。"

有一天，我惊喜地发现原来我的宝贝也可以这么"听话"。当我忙着烧菜不能陪伴他时，只要提前温柔地和他商量："妈妈要烧饭了，你是想来帮忙还是玩一会儿玩具？"他就会很乐意接受我的提议，而不是站在厨房门口隔10秒就大喊："妈妈你不要烧菜了，陪我玩！现在就要陪我玩！不陪我玩就给我看动画片!"当看到我一边吃饭一边刷手机时,他会温柔地跟我说:"妈妈,你不是跟我说不能一边吃饭一边看东西的吗?你也不要看手机了哦!"瞧,这世界颠倒了,孩子成了"大人",在头头是道地教育人呢!

就在这一瞬间,我深刻地领悟到孩子就是父母的一面镜子:当我指责他对待家人怒吼时,其实是我怒吼的样子被他学去了而已;当我温柔地与他协商时,他才会温柔地与我交流。

▲ "温柔对待"

我相信每一个家长或多或少都会遇到孩子不愿听话的时刻,而我的瓜瓜宝贝却勇敢地提出了内心的需求:我需要被尊重,我需要被温柔对待。每个孩子都是一个独立的人,所以当成人要求他做些什么事时,应当先以尊重的态度告知或商量,而不是如摆弄提线木偶一般摆弄他。

"温柔对待"是以尊重为前提的,家长需俯下身来用心倾听。这样的认知也影响了我在工作中和生活中的态度。如当遇到对方未能按我预期目标完成任务时,我会试着压制住怒火先听听事情经过,如果确实没办法完成,就调整思路寻求最佳解决方案,而不是上来就"拍桌子摔板凳"释放一身怒气,再带着怒火发号施令。因为就算你发了火,最后还是要解决问题,能心平气和地圆满完成不是更好吗?

就像瓜瓜说的一样:"大人有时候也需要听小孩的话。"愿我们与孩子一路温柔对待彼此,共同成长!

将"冲突"转化成亲子成长的契机

在现代社会中,父母已经不再可能是知识、观念、技能上的绝对权威了。孩子每天都会通过学校(幼儿园)、同伴、大众传媒等多种渠道获得最新的知识和信息,在家庭、学校和社会的共同作用下,形成自己对世界的认识和理解。父母与孩子之间早已不是子代服从亲代的关系,而是更加趋于民主与平等。

故事中的瓜瓜和妈妈在偶然的一次亲子冲突中抓住了改善亲子关系的契机,通过相互约定、相互监督,促使妈妈调整心态,改进了与瓜瓜之间的相处模式。瓜瓜妈妈从爱向孩子"怒吼"变得更加善于反思,更加愿意与孩子协商,也更加温柔了。这是孩子在家庭生活中所带来的积极作用。

有学者指出,当"文化反哺"走进家庭,意味着一种新型的学习关系正在家庭中悄然建构。[1] 孩子们凭借着自己对新事物的高接受力、高适应力及自己在信息面和知识面上的优势,逐渐提高了自己在家庭中的地位,获得了对父母进行"文化反哺"的话语权。如今的孩子们在很多方面已经远超成人,他们在社会态度、生活方式、交往方式等各个层面都在不同程度地影响和改变着他们的长辈。在这个过程中,亲子之间不可避免地会产生一些冲突,但只要亲子共同努力、主动磨合、积极对话、加强学习,一定会迎来更加和谐美好的家庭关系。

---

[1] 龚界文,胡静."反向社会化"与"文化反哺"现象研究述要[J].青年探索,2004(05):20—23.

11 勇敢的左左

主人公：左左
年龄：5岁5个月
班级：中班
性别：女孩
分享者：左左妈妈

我有一对射手座的双胞胎女儿左左和右右。左左是姐姐，内敛文静，不善主动打开局面；右右是妹妹，活泼热情，不怯场。我是个典型的金牛座妈妈，不善于迎接新的挑战。一直以来，我们都认为妹妹会比姐姐大胆一些、勇敢一些，直到今年3月姐姐第一次参加舞蹈表演，才颠覆了我们对她的认知。其实她是个很有主见的孩子。在她的小宇宙里有股火焰，炙热而滚烫，这鼓舞着她积极尝试、主动探索，也鼓舞着我这个不善改变的金牛座妈妈，开始尝试作出一些积极的改变。

去年10月初，我给姐妹俩报名参加培训班的舞蹈会演。在10月底，妹妹右右因过敏退出了舞蹈会演集训。自11月起，左左开始一个人参加舞蹈会演集训，也即将面临一个人登台表演的挑战。虽然演出曲目是群舞，还有其他小朋友一起表演，但我知道，这对于她而言，就是一个人。因为她从出生开始，做任何事情都是和妹妹一起，即使打闹，也是有妹妹陪着的。打疫苗、上托班、上幼儿园，她都是和妹妹在一起，几乎形影不离。我知道，那时的她是有点害怕的、胆怯的，她需要去适应一个人上幼儿园，上表演集训课。果然，最初的一段时间，她表现出了很明显的不适应，做事情提不起兴趣，抗拒上表演集训课，甚至抗拒上幼儿园。我没有强迫她，而是把表演集训课的时间调到了周末，这样我可以陪着她去学习。同时我也告诉她，这是她的一次体验，也是一次挑战。

就这样战战兢兢地陪着她，一直到今年3月彩排，我都不敢在她面前过多渲染舞台的意义。当时的我特别担心她在大幕一拉开,看到场下全是人的时候,会因紧张怯场而闹情绪。

开演那一天,我送她进入演播厅,在入口处与她告别,紧紧拥抱她之后,把她交给老师。还好,她没有像平时那样抱着我不撒手。我目送她进入演员通道,百感交集,一直握紧手机,时刻关注着微信群消息,担心表演过程中她会被"退"回来。随后,老师发来了候场照片,照片中的她都是面无表情的,这应该是紧张的表现吧。

在我忐忑的期待中,终于等到左左参加的曲目开演了。只见大幕一拉开,孩子们站在舞台中央,我的左左站在最后一排,虽个头小小的却很精神。在表演过程中,她记得每一个动作,虽然有点抢拍,但也算流畅,她还顺势帮助一位小朋友找到了自己应该站的位置。心里的石头终于落下了,我迫不及待地赶到后场等她出来。

只见我的左左见到我的一瞬间,笑脸盈盈地向我奔过来,只说了一句:"妈妈,你给我买花了吗?"我的眼泪都快掉下来了,把藏在身后的向日葵拿给她,我问她:"喜欢吗?""很喜欢,谢谢妈妈!"她回应道。刹那间,感觉我的孩子长大了,她没有胆怯、没有闹情绪,稳稳地拿捏住了人生的第一场演出。我很骄傲,也很自豪。这次会演之后,老师也和我分享了左左的表现,认为她的表现确实很意外,也很惊喜!孩子们比我们想象的都要勇敢。

是啊,孩子带给父母的震撼是深远的。孩子们都是勇敢的,做父母的又何尝不应该如此呢。从孩子身上得到的勇气,让我更有底气,去迎接工作、生活中的挑战。我是个技术人员,工作已有十几年,也进入了瓶颈期,对新兴业务的兴趣和开拓意识大不如前,其实就是没有勇气去接受新挑战。左左这次会演的表现,让我陷入了深深的思考中。我要摈弃"万一失败"的担心,迎接新业务带来的挑战,在参与中增强自信心,稳稳地展现个人的专业素养。

通过这次会演的锻炼,我们发现左左身上的闪光点越来越多了。她会心疼妈妈,在妈妈身体不舒服的时候,给妈妈盖被子;会在每天晚上睡觉前,和妹妹一起把一家人的拖鞋放得整整齐齐;会主动讲历史故事给妈妈听;会爱护妹妹,和谐相处……

"入目无别人,四下皆是你"——这是向日葵的花语,送给我的左左,也送给所有成长中的孩子们! 尊重孩子们,发现孩子们,给他们以爱与关注,陪伴他们一起尝试,一起收获。

向儿童投以欣赏的目光

在左左妈妈的描述中,左左是个内敛、文静的小女孩,但是在一次舞蹈会演中,妈妈意外地发现,原来左左比自己想象中勇敢多了! 其实,左左的表现让人出乎意料,却也是在情理之中。家庭是孩子社会化的主要场所,左左从小就和妹妹右右形影不离,在妹妹的陪伴下面对生活的许多挑战。但是这一次,由于右右没有办法陪在左左身边,左左只能独自一人参加舞蹈班的集训,和培训班的其他小朋友们共同练习,一起表演。可以说,左左的社会化环境发生了变化,其中最主要的变化就是缺少了妹妹这个熟悉的、亲密的同伴,这为左左与其他人的交流和互动提供了更多机会。这或许是左左在舞蹈会演中,能够顺利进行心理素质社会化,勇敢地完成表演任务的重要原因。

在左左小朋友的影响下,左左妈妈也发生了改变,要与左左共同成长。左左妈妈将从孩子身上获得的勇气转化为工作和生活中的底气,调整心态,以更加自信的姿态迎接人生的挑战。而且,在这次会演过后,妈妈越来越善于发现左左身上的闪光点,这离不开妈妈的留心观察和倾注在孩子身上的欣赏的目光。从反向社会化的角度说,向孩子学习,当然是学习孩子的闪光点,接受孩子积极的影响。[①] 因此,要想更好地向孩子学习,我们应当像左左妈妈一样,真正发自内心地认可孩子,时时向孩子投以欣赏的目光,善于发现孩子身上的闪光点,并以此来激励自己,促进自身的进步和成长。

---

① 孙云晓,康丽颖.向孩子学习:一种睿智的教育视角[M].昆明:晨光出版社,1998:241.

12　善待他人，成就更好的自己

主人公：想宝
年龄：5岁2个月
班级：中班
性别：男孩
分享者：想宝妈妈

在想宝上中班的这段时间里，发生了一件令我记忆深刻的事情。也让我从一个小孩子身上，看到了善良和善待他人的美好品质。

那天我去接想宝放学，刚走到班级门口，就听到了"咚"的一声和一个孩子响亮的哭声。我心头一紧，以为是想宝发生了什么意外，走进教室一看，想宝坐在桌子上一动不动，旁边地上躺倒的是洋洋，他的椅子也被打翻在地。老师告诉我洋洋是被想宝推倒的，我心头又一紧。可让人不解的是，老师批评教育过想宝后就让我们先回去了，反而把洋洋和他的家长留了下来。

走出教室，我有点郁闷，而我身边的这个小孩一直在低着头轻轻地哭，委屈中似乎还带着一丝倔强。我刚厘清思路准备和想宝深刻地谈谈他今天的行为，想宝却主动开口了："妈妈，他上午把我弄倒了两次，刚才我在搭积木，他一直把我搭好的抢走。"看着他哭红的眼睛，我不知道是该抱他还是不抱，毕竟他刚刚推倒了别人。我冷静又严肃地问道："上午他为什么把你推倒？是怎么推倒的？"想宝回答我："第一次是我们表演唱歌，他到处乱跑，撞倒了我，把我的膝盖摔疼了。第二次是我吃完饭坐在椅子上看书，看得好好的，他突然掀翻了我的椅子，把我的后脑勺跌疼了。"（这就是想宝，他总是能把事情看得和讲述得非常清楚明白）听到这里，我的火"噌"地一下就上来了，很是心疼他，我再也忍不住蹲下身把想宝抱在了怀里，轻轻地摸着他的头问："是这里吗？还痛吗？"想宝趴在我的身上，小声地说："现在不痛了。"我又把想宝的裤子卷起来，果然那里已经有一片紫色的痕迹了。我想，想宝一上午肯定已经"怀恨在心"了。我牵着他的手，说些宽慰他的话，慢慢地走着带他回家。写到这里，可能很多家长会说"人不犯我，我不犯人""要让孩子学会还手""就该打回去"。但是，我相信想宝有自己的主张，因为我知道他是一个善良的孩子。

第二天早上，想宝带了牛奶和零食给洋洋吃。在后来的几天，想宝回来一直提到洋洋的名字，还说和洋洋已经是好朋友了。这让我的心里很是宽慰，都说孩子是不记仇的，还真的是，这两个男孩子都忘记了曾经的不愉快。

▲ 想宝和小伙伴一起玩

▲ 爱笑的想宝

然而，有一天放学，两个男孩子的矛盾再度上演。想宝和洋洋一起下楼，同行的还有几个小朋友。洋洋在楼道里捡到一个海洋球，顺手就砸在了想宝的脸上。再看想宝，他抓起海洋球就追了出去。只见此刻的洋洋已经又骑车撞了好几个小朋友，这些小朋友都不同程度地反手推了洋洋或者撞了回去。只见想宝追上了洋洋，嘴里叽里咕噜地说了一通，洋洋不听，转身想走，却被比他高半个头的想宝拉着动弹不得。等他们的小车骑到我的面前时，我就听到想宝认真地一遍又一遍地对着洋洋说："洋洋，你只要不打人，明天我就给你带一个好玩的玩具玩，洋洋……"想宝"絮絮叨叨"地盯着洋洋说个不停，直到洋洋不耐烦地、奶声奶气地说"好"才肯罢休。劝解完洋洋,想宝快速加入到其他小朋友的游戏中去了。

看着想宝在操场和小朋友们一起奔跑,轻松愉快、自由自在的样子,我真的感到很舒适、很温暖。我的想宝俨然已经超越了他的年龄,努力自控且愿意善良,能够主动宽容和善待身边的人,哪怕是一个曾经推倒过他的人。遇到事情,他没有跟风打闹,更没有软弱躲避,而是用自己的办法学着和同伴礼貌而又不失分寸地相处。这就是在马路上给蜗牛加油、把墙角的小蜘蛛放走的善良的想宝啊。他会伤心、会生气、会犯错误,但是他又会自我反省、懂得善良、学会改变,而且每天都在努力成长,努力成为更好的自己,充满活力、充满阳光。

反观我的生活,我也应该有所改变了。这几年,想宝坚韧地长大,努力地绽放,而我却始终沉浸在努力工作却得不到满意的收获之中。我总是感叹自己因忙碌而失去了自我,没有朋友可以倾诉;总是感叹自己是一个不辞辛劳的幕后工作者,没有被更多人理解和尊重。看到一个小孩子都能如此的宽容、如此的坚强,作为一个成人、一个妈妈,我更应该快乐起来、振作起来,与他一起快乐成长,成为他学习和崇拜的对象。我开始和

▲ 阳光小男孩

想宝一起做运动,慢慢恢复我的体力;我带着想宝和我的朋友们、他的朋友们一起聚会;我开始合理安排自己的工作时间,从长时间的伏案工作转向关注工作中更多的方面,尝试和更多的人接触;我也开始学着与不同的人理智而又不失礼貌地相处,甚至合作……我的座右铭变成了"善待身边每一个人""每天,保持充沛的体力和清醒的大脑"。

感谢一路相伴的想宝,让我们共同成就更好的自己。

亲子两代的相互成就

读完这个小故事,想宝聪明、善良、可爱的形象在脑海中挥之不去。作为一个中班的小朋友,当他和同伴之间产生了矛盾冲突时,却表现得非常果敢和冷静,如他主动带美味的食物给同伴洋洋,希望能够保持和洋洋的友谊。更加让人感动的是,当想宝再一次面对洋洋的冲撞,他依然选择了善待洋洋,努力地与洋洋协商,这在一定程度上也能够帮助洋洋更好地发展社会性。

想宝为什么能够用善意来平复与同伴的矛盾?为了更好地回答这个关键问题,我们要将目光聚焦于社会化过程的实质。社会化过程的实质是人与社会环境(包括家庭、学校、伙伴团体、社区及大众传播媒介等)之间的一种社会互动。[1] 孩子一来到这个世界就已经身处于某个特定的社会环境之中,就开始持续、反复地与各种社会环境发生互动。家庭中的父母长辈、幼儿园的老师和同伴、社区的其他人员等都是他们的互动对象,正是在这些互动过程中,孩子们逐渐习得各种知识、技能和行为习惯等。因此,想宝之所以能够如此机智灵活地处理和同伴之间的矛盾,离不开家庭、幼儿园、社区等这些要素构成的社会化土壤。或许想宝妈妈应该感到更加欣慰,想宝能够这样善良地对待同伴可能也是在与妈妈的日常相处过程中,无形之中受到了妈妈一言一行的影响。

如果说想宝善良待人是受到妈妈对孩子的正向社会化的影响,那么想宝对妈妈则是起到了反向社会化的影响。在想宝的激励下,妈妈发生了一系列改变,如在体育运动、工作生活、社会交往等方面都能看到想宝妈妈产生转变的身影。想宝妈妈甚至将自己的座右铭也变成了"善待身边每一个人"。由此,我们可以说,想宝对妈妈真正地产生了反向社会化的作用。

---

[1] 风笑天.论人的社会化过程之特点[J].湖北社会科学,1987(03):57—60.

13　毫不纠结地原谅

主人公：嘉宝
年龄：5岁5个月
班级：中班
性别：男孩
分享者：嘉宝妈妈

嘉宝是一个性格比较温和、容易接受别人意见的孩子。上了中班以后，他的独立性有所提高，比如：可以在没有大人的陪伴下自己安静地搭乐高，晚上可以听着喜欢的故事自主入睡等。于是，在确保安全的情况下，我们都会给他独立和自主的空间。

有一天晚上睡觉前，嘉宝和往常一样听着平板电脑里的《西游记》故事入睡。帮他掩上房门之后，我便去忙自己的事情。大约过了二十分钟以后，当我轻轻推开房门，想看看他是否睡着时，我清楚地听到平板电脑里播放的不是《西游记》故事，而是我平时不允许他听的游戏小说。顿时，一种被欺骗的感觉让我火冒三丈。我猛地推门进去，一把夺过平板电脑。嘉宝感觉到了我的愤怒，一把抓起被子就把自己蒙在里面。我扯开被子，严厉地说："嘉宝，你还是一个诚实的孩子吗？你以后还值得妈妈相信吗？"黑暗中，嘉宝哭着向我道歉，表示自己以后一定不会再这样了。正在气头上的我并没有接受他的道歉，而是摔门走了出去，留下他一个人在黑暗的房间里。过了多久，当我再进去看他的时候，他已经睡着了。

孩子到底是孩子，忘性大。第二天当我下班回家时，早已放学的嘉宝看到我回来了，一脸兴奋地跑到我跟前，好像是想要和我分享什么开心的事。可是看到我一张冷漠的脸时，他脸上的笑容瞬间消失了，取而代之的是尴尬得不知如何是好的表情,眼泪在眼睛里打转,他不知道自己又犯了什么错,惹妈妈生气了。于是,我把他拉到一边,又说起昨天晚上他偷听故事的事,跟他分析他犯了什么样的错误。对于自己犯的错,他再次诚恳地向我道了歉,与此同时他又委屈地说:"妈妈,昨天晚上我不是已经说过对不起了吗?你为什么还没有原谅我?你跟我说对不起的时候,我都是一下子就原谅你了!"

孩子这句稚嫩的话,一时间竟让我无言以对。是啊,孩子如果决定要原谅你,那一定是毫不纠结、真心真意的,他没有要求我们一遍又一遍地承认自己的错误和保证不会再犯,而是选择宽容我们。前一分钟他还在不停地冲你大叫"坏妈妈",下一分钟他已经抱着你说:"我最喜欢我妈妈了!"孩子绝不会扭扭捏捏,他总是直截了当地表达自己的好恶和爱憎——他不喜欢你了,就马上喊出来;又喜欢你了,他也马上让你知道。他不会长时间地心怀不满或者刻意放大别人的缺点,而是会迅速地、毫无阻碍地放下不愉快的情绪,重新去爱身边的人。

回想起以往因为我工作忙碌而无法兑现对孩子的承诺时,因为自己的照顾不周而让孩子生病时,在我们的解释和道歉之后,孩子确实都选择了谅解自己的父母,并迅速调整好情绪,又对我们露出笑脸。想到这里,我心里很不是滋味。于是,我缓和了态度对他说:"是的,嘉宝昨天已经知道自己做错了,并立即向妈妈道歉了,妈妈却没有及时接受你的道歉,并宽容大度地原谅你,确实不应该,妈妈应该向你学习。妈妈也相信你一定会说到做到,改正自己的错误,对吗?""那当然!"嘉宝那稚嫩的小脸又恢复了笑容。从那以后,当孩子犯错时,我会及时帮他分析事情的原委,弄清自己在什么方面做错了,知道以后应该怎么做,并原谅他、鼓励他,不会再将孩子的错误反复强调,尽快地跨过那些不愉快的沟坎。

毫不纠结地原谅,这是孩子给父母上的很重要的一课。希望所有的孩子都能保有这种率真善良的天性,也希望所有的父母都能像孩子一样爱憎分明,及时解决情绪问题,不拖泥带水。

让儿童的率真善良反哺成人的心灵

儿童的心灵、儿童的世界、儿童的清纯、儿童所具有的清纯的自然天性对成人的心灵和世界具有反哺的功能。① 故事中的嘉宝就成功地"反哺"了妈妈。尽管妈妈狠狠地批评了嘉宝,但是第二天嘉宝并没有因此而心存芥蒂,依然积极主动地和妈妈交流,似乎全然忘记了昨晚的不愉快。孩子的率真、宽容击中了妈妈的内心,甚至让妈妈感到有些自愧不如。

成人是成熟的个体,但往往会有些僵化、刻板、过于现实,因受到已有经验的束缚,看待身边的人或事物时难免会被自己复杂的心绪所左右,甚至变得执拗,看不清真相。而儿童却拥有一股清新的力量,能够反哺成人的生活。这股清新的力量往往是出自儿童身上的纯真善良的天性,而这淳朴珍贵的天性恰恰是成人要向儿童学习的地方。

人们常说,孩子是父母的镜子,当父母做得不如孩子的时候,父母要适当反思自己,主动地了解孩子、向孩子学习,以此来提升自己。当父母发现孩子身上的一些弱点的时候,也应该意识到这或许也是父母身上的弱点,是家庭教育中存在的弊端。

---

① 刘晓东.论儿童文化——兼论儿童文化与成人文化的互补互哺关系[J].华东师范大学学报(教育科学版),2005(02):28—35.

14　孩子为我打开一扇门

主人公：小兜
年龄：6岁2个月
班级：大班
性别：男孩
分享者：小兜妈妈

小兜小时候是个文静、内向的小男孩。在一群孩子中，他一直是个安静的观察者，似乎从不主动显露自己的存在。如果有兴奋的孩子奔跑吵闹着从他身边经过，他会小心地躲开；如果有孩子邀请他加入游戏，他会应允，然后欣然担任其他孩子指派给他的角色。我父母对我说，小兜简直就是另一个我，他和我小时候一模一样。虽说儿子像妈妈，但我觉得，我并不想使他的性格和我一样。我期待他能更加活泼、外向，哪怕有点调皮；我希望他能快乐地呼朋引伴，去玩、去冒险。我知道应该多带他和同龄人去交往，可是每当休息日，我们还是更喜欢去书店、图书馆，找一本喜欢的书，静静地坐着阅读。

种子在泥土里会发芽。上了幼儿园的小兜就像田野里的一棵小苗苗，在阳光雨露的滋养下，以他自己的节奏悄悄发生着变化。到中班时，他渐渐地打开了"话匣子"，也有了自己的好朋友，每天回家后就像一只愉快的小喜鹊，叽叽喳喳地和我说着幼儿园里的事。我还记得中班下学期时，他们班进行了"我和朋友"的主题活动。在老师的引导和帮助下，他和隔壁班的一个小女孩成了朋友，他们相互自我介绍，交换了自制的"名片"，为新朋友写信、画画、做礼物，回家还给新朋友打电话。那段时间，只要说起朋友的事他就激动不已。他说："妈妈、妈妈，你知道吗？我听老师讲了好多关于朋友的故事，朋友越多越快乐！我今天还去隔壁班和新朋友坐在一起吃饭了，我看着她吃饭，我吃饭都好开心！一直笑一直笑这样子。"从那之后，小兜体会到了与同伴交往的乐趣，他开始主动去结交更多的小朋友。

▲ 小兜和他的好朋友

　　愉快的幼儿园生活过得真快，转眼就是小兜在幼儿园的最后一个学期了。一天，小兜有点发烧，我带他去医院看病，因为疫情，医生要求必须先做核酸检测，我们得在发热门诊里等待6个小时拿到核酸检测报告才能离开。我不禁哀叹，这6个小时，带着娃儿要怎么熬呢？此时等待区的走廊里都是等着核酸检测结果的人，除了小兜没有其他小朋友。大家间隔着坐在长椅上，每个人都低头刷着手机，走廊里只有短视频嘈杂的背景音和间或传来的压抑的低叹。小兜没等一会儿就觉得无趣，爬到我腿上哼哼唧唧地要我抱，眼睛盯着走廊窗户外的树梢发呆……此时，时间仿佛凝固住了，每一秒都很漫长。不知过了多久，走廊里又来了一对母女，女儿穿着校服，看起来大约是个十几岁的中学生。小兜的眼睛一下子亮了起来，扭头看着她们坐到我们对面不远处的椅子上，他便坐直了身子，好奇地打量着那个小姐姐。

　　女孩放下书包，拿了一本书看，女孩的妈妈坐在一边看手机。小兜若有所思地看了好一会儿，突然，他扭身从我膝盖上跳下来，把我吓了一跳，忙问他怎么了。他笑嘻嘻地说："妈妈，我要去找朋友了。"说完，他就勇敢地走了过去。他站在小姐姐面前，来回踱了几步，然后脆生生地说："姐姐你好！我是小兜,我上大班了,我喜欢看书,你在看什么书呀?"那个小姐姐似乎吃了一惊,抬起头看了看他,把书递给小兜看,说:"你好呀,我上初一了,我在看课文,你能看懂吗?"小兜认真地说:"这个是你的课本吗?里面有没有故事呀?"小姐姐笑了:"是有一点故事。"小兜:"那你能讲给我听听吗?姐姐你的声音好好听呀,像我妈妈一样,我妈妈就很会讲故事,你看那就是我妈妈。"他说着就指向了我。突然被提到,我一下子有点紧张,连忙点头向那个小姐姐致意,说:"你好,你好!不好意思,有没有打扰你看书啊?"女孩的妈妈笑着对我说:"你家儿子小小年纪好大方呀!真不错!涵涵,你和弟弟聊聊天呀!""阿姨好!涵涵姐姐好!咦?我幼儿园里有一个好朋友也叫涵涵哎!涵涵姐姐,你能和我玩一会儿吗?"他说着就坐到了姐姐的座位边,冲着她直笑。

  姐姐似乎被这个热情的小弟弟打动了,开始给他读书里的故事。听完故事,受到鼓舞的小兜更来劲儿了,他彻底打开了话匣子,和姐姐说笑话、讲脑筋急转弯、猜谜语、聊爱好……慢慢地,姐姐也越来越放开了,和小兜分享自己学校里的趣事,还教小兜说英语。无论能不能听懂,小兜对姐姐说的话,都毫不吝啬自己的赞美:"姐姐你好厉害呀,什么都会。""姐姐我好喜欢你呀!"两个人说着笑着,从坐着到站着,从拉着手转圈到在走廊里跳格子,他们之间似乎没有年龄的距离,姐姐说的笑话让小兜笑得捧着肚子,小兜即兴搞怪的"动物模仿秀"又让姐姐笑得直不起腰。他们的欢声笑语吸引了周围好几个人放下手机,看着他们玩耍,脸上都带着笑。此时,我也开始和姐姐的妈妈聊起了天。两个孩子,让这个冰冷的走廊里有了春天般的暖意,也让时间长出了翅膀。一位老奶奶看着他们感叹道:"小孩子就是好呀,到哪里都能交到朋友。"

  6个小时就这么愉快地过去了,小兜拿到了报告还不肯走,坚持要陪着姐姐等报告。等到姐姐也拿到了报告,分别在即,二人都依依不舍,小兜说:"姐姐,我们加个微信吧!回家后我们还能视频呢!"姐姐哈哈笑,问他:"你有手机吗?"小兜:"我妈妈有呀!我让妈妈和你加微信。"于是,我们真的互加了微信。小兜认真地看着姐姐的微信头像和名字,对姐姐说:"我记住你啦!我们是好朋友!"

后来,小兜一直都记着和涵涵姐姐的约定,会主动给姐姐发语音,告诉姐姐有趣的事情,去图书馆找笑话书,把新学到的笑话说给姐姐听。他甚至不再害怕去医院,还问我:"妈妈,我去医院会见到涵涵姐姐吗?"我说:"应该不会哦,姐姐不去医院是好事呀,说明她现在很健康。""嗯嗯,姐姐不生病更好。不过没关系,我可能还会交到新朋友呢!"

没想到,在幼儿园的三年把原本内向的小兜培养成"小社牛"啦!他真的好棒!我这个"社恐"妈妈忍不住要向他"取经"。小兜告诉我他的"交友心得":"妈妈,其实我也会紧张害怕的,耳朵都会热呢!但是老师说,交朋友其实并不难,只要克服恐惧,主动走出第一步就好啦!""她对我笑,我就知道她也喜欢我了。""我想和谁交朋友,我就告诉他,我多夸夸他,他会开心,就会喜欢和我做朋友。""我经常会想着朋友,我对他们好,我跟他们聊天、和他们玩,我把喜欢的东西送给他们,他们也会想着我。"我不禁感叹:同样是交往,孩子往往比成人更加坦诚有趣、直截了当,不去瞻前顾后,更不会因为考虑利益、背景而费尽思量,他们只是单纯地捧出了一颗真心。我想:这就是为什么孩子反而比成人更容易交到朋友,也更容易收获真挚的友谊和快乐。

▲ 大小朋友们在一起

孩子带我们走向一个没有社会的喧嚣,没有社会的复杂,没有社会的压力的一个世界。受到小兜的影响和带动,我开始走出原本固定狭小的社交圈,用从他那里学来的"交友真经",以真诚坦然的态度去结识一些新朋友。我还走进了小兜的"朋友圈",没错,小兜交到了朋友,我和他朋友的父母也成了朋友。我开始和小兜一起参与朋友们线上和线下的各类活动。线上,孩子们约定每月一期交流会:他们是绝对的主角儿,就像他们在幼儿园里学到的那样,他们会主动讨论节气、节日,分享好书、电影、美食,制订每月的学习和游玩计划。线下,大朋友们按照孩子们讨论出的计划去实践:我们一起野餐、徒步、钓鱼、做手工、逛博物馆……我们亲手制作美食去给每一个孩子庆祝生日,分享生活中的每一份快乐和感动。和大小朋友们在一起,我越来越感受到,孩子们是人类精神世界的典范。他们天性中的真善美吸引着彼此,也把我们成人聚拢到一起。孩子们虽小,但是他们非常"豁达",他们不会有成人那么多的焦虑和不安,不会因失败和碰壁就垂头丧气,他们总是能够蓬勃地活在当下,他们的话语与他们的行为是动人的、浪漫的和有意义的。

孩子为我打开一扇门,让我走进一个更加绚丽多彩的世界,看到了更多的可能。学习永远是双向的过程,人们都说孩子是我们最好的镜子,其实孩子身上还蕴藏着大人们想不到的力量。向孩子学习,和孩子共同成长,不仅仅是为了孩子,也是为了我们自己,为了我们更美好的明天。

父母的积极行动是实现"反哺"的关键

小兜在进入幼儿园之前和之后,为什么会发生如此明显的转变?是什么原因让"文静、内向"的小兜变为了开朗的"小社牛",甚至还能带动内向的妈妈更加主动地结交新朋友、积极地参与群体生活?透过这些疑问,我们不难发现有不少与社会化有关的重要问题蕴藏其中。

一是社会化的基本内容。社会化究竟"化"什么?其实,在人们的社会生活所涉及的一切方面和领域,都存在着社会化的内容。[①] 尤其是对于幼小的孩童来说,他们需要不断地吸收和学习社会的各类规则、习俗、文化等,才能更好地适应社会生活。故事中的小兜在进入幼儿园之后习得的重要本领就是"社会交往"技能,这是社会化的基本内容,也是个体在社会生活中的基本需求。获得了这项技能的小兜,能够更好地与他人和社会建立关系,如他在医院和陌生姐姐的热情互动,收获真挚的友谊就是最好的例证。

二是社会化的环境。家庭和学校是儿童社会化最主要和最重要的两个环境。小兜之所以一开始很"文静、内向",和妈妈小时候"一模一样",这在很大程度上是受到了妈妈日复一日的影响,可以说家庭就是小兜社会化的第一课堂。进入幼儿园以后,小兜渐渐地变得开朗、活泼,主动结交朋友,这是幼儿园生活带给小兜的成长。幼儿园的教育活动具有系统性,为了帮助孩子能够更好地融入集体生活、发展社交技能,老师专门进行"我和朋友"的主题活动,让小兜在持续地与他人互动的完整过程和真实情境中发展了社会交往能力。不得不承认,幼儿园是小兜社会化的第二个主要场所。

三是社会化的效果。互动、个人内化、实践是社会化的基本途径。[②] 其中,实践是社会化的根本途径,也是检验个人社会化成效的根本标准。[③] 妈妈在小兜的影响下,逐渐走出自己固定、狭小的社交圈,运用从孩子那里学到的"交友真经",真诚地结交了许多新的朋友,并积极地和朋友们互动,维持着良好的关系。我们可以很明显地发现,在小兜和妈妈之间,真正地发生了反向社会化。之所以说反向社会化在他们之间真实地发生了,其重要标志就是小兜妈妈真正地把从孩子身上学到的东西在自己的生活中付诸了实践,并转化为自己的行为模式。因此,这是一个比较成功的反向社会化的案例。

---

① 刘豪兴,朱少华.人的社会化[M].上海:上海人民出版社,1993:19.
② 刘豪兴,朱少华.人的社会化[M].上海:上海人民出版社,1993:60—69.
③ 刘豪兴,朱少华.人的社会化[M].上海:上海人民出版社,1993:69.

15　优彼敏锐的洞察力

主人公：优彼
年龄：5岁
班级：中班
性别：男
分享者：优彼妈妈

苏霍姆林斯基说："观察对于儿童之必不可少,正如阳光、空气、水分对于植物之必不可少一样。在这里,观察是智慧的重要能源。"[1]诚哉斯言,观察对于儿童的重要性不言而喻。在我们的家庭生活中,我常常赞叹于儿子优彼细腻的观察力,受益于优彼敏锐的洞察力。

令我最深刻的一件事是：去年一个夏日的下午,我与优彼打开乐高课程,跃跃欲试地选择了一个搭建主题——我们都很喜爱的《机器人总动员》动画电影中的瓦力。瓦力是一个有着两只大眼睛的清扫型机器人,具有可爱、灵活、热情的特征。起初,我们跟着课程按部就班地搭建,一切都很顺利。后来,当我按照课程所教将头部模块搭建好后,优彼突然激动地边喊边比画："瓦力不是这样的,它应该是这样的,能上下左右动！"我一脸迷惑,直到优彼麻利地找来几颗乐高灰色机械件,自信、笃定地用乐高螺丝刀快速组装完毕,我才恍然大悟！原来他改造成了一个可以360度自由旋转的颈椎,与电影中的瓦力原型简直一模一样。一个活灵活现、栩栩如生的瓦力形象令我叹为观止。我一把抱住优彼,不吝赞美之词地夸奖他一番,不但因为他改造成了一个完美的乐高瓦力,更是因为优彼能将观察力转化为理解力,然后在实践中灵活运用。

---

[1] 金珺.中外格言(珍藏版)[M].天津:百花文艺出版社,2012:235.

优彼的观察力还体现在日常生活中:他不但是我开车时的"导航仪",还是我们生活细节的"记录仪"……他总能在我即将驶入错误路线前及时提醒我,以至在我"踟蹰不前"时,总要询问他后才有底气;他还总能发现小区里的微妙变化,并潜移默化影响着我,用一颗发现美的眼睛拥抱这个世界……

▲ 善于观察

正如世界上没有相同的花朵一样,每个孩子都有独一无二的性格特点。拥有细腻观察力的孩子也许更加敏感、多虑,但正是这些弥足珍贵的特点造就了优彼,使他拥有了这个"超能力",成了与妈妈性格互补的"好搭档"。

做善于观察的父母

故事中正在上中班的优彼,不同于其他调皮捣蛋、粗心大意的同龄小男孩,在日常学习和生活中表现出了细致的观察力和敏锐的洞察力。对于乐高机器人的搭建,不是按照课程按部就班地组装,而是结合所观察到的电影中机器人的原型,创造性地进行了改装,使之更加活灵活现。此外,在生活中,优彼凭借自己的日常观察,帮助妈妈开车驶入正确的道路,同时保持一颗好奇的心持续关注着周围的环境。儿童天生就是如此敏锐地感受着所处的世界,也在无形中影响着我们这些成人。

优彼妈妈发现孩子不同寻常的观察力后,如获珍宝,在享受孩子"超能力"的同时,也小心呵护着孩子幼小的心灵。我们相信,伴随着优彼的成长,他对妈妈的影响不会止步于此。一个同样善于观察与发现的父母,不仅会开展适宜的引导,更会从孩子身上得到反哺,孩子的言行会持续推动父母反观自身、发现问题并作出改变,即社会化与反向社会化同时发生与作用于亲子之间。

16　我家的环保小卫士

主人公：王二宝
年龄：5 岁 11 个月
班级：大班
性别：男孩
分享者：王二宝妈妈

周末，我们喜欢亲近自然，去中山陵风景区遛娃。有一次，在那里愉快地玩耍后，我们收拾整理好东西准备回家。我把一些零散的垃圾装在一个小塑料袋里，让王二宝去扔这些垃圾。他很乐意，像小子弹一样飞快地朝着草坪不远处的垃圾箱飞奔而去。但很快我发现，二宝手上的垃圾袋并没有扔进垃圾箱。我心想：他在干什么呀？只见他背对着我，站在垃圾箱前，踮着个脚，探头探脑地往垃圾桶里看来看去，毛茸茸的小脑袋感觉都要碰到垃圾箱上了。我有点急了，冲他喊着："王二宝，垃圾桶很脏，快回来！"

▲ 生活中的环保小卫士

▲ 垃圾分类，从我做起

▲ 垃圾分类标志

然而王二宝并没有回头搭理我,他依旧站在垃圾箱前徘徊。于是,我气呼呼地向他走去,快到垃圾箱前,我又忍不住地冲他喊了起来:"王二宝,你在干吗?"王二宝慢悠悠地说:"我在分辨垃圾,垃圾分类。"看着眼前这个专心致志在研究垃圾分类的小孩,我瞬间惭愧了,在成人的思维里,我认为垃圾是很脏而不可靠近的东西。但是,在王二宝的眼里,他在给垃圾找"家",他在尽自己的所能落实垃圾分类,他的环保意识超越了我。我冷静下来,迅速调整语气,赞许地说:"哦,妈妈差点都忘了,公园里扔垃圾也要分类,还是你做得对。我和你一起分吧!"王二宝摇摇头,一副小小男子汉的样子说:"不用!就是这个标志我看不懂,都是三角形的,这让我头昏,我只能抬着头看一看垃圾箱里哪个是装纸多的,我就把餐巾纸都扔进去。"他边说边指着垃圾箱上"可回收垃圾"和"其他垃圾"的标志给我看。没想到,还不识字的王二宝,在用自己的方式观察、比较、判断、思考,寻找解决问题的方法。为了解决他的困惑,我蹲下身,指着垃圾箱上"可回收垃圾"和"其他垃圾"的字读给他听,区分他口中"都是三角形的"两种标志。有了辨识和判断,王二宝这个环保小卫士很快就给垃圾们找到了各自的"家"。

王二宝小小的正能量行为引发了我的顿悟。当"垃圾分类,从我做起"的观念深入人心时,当垃圾分类作为一个教育的契机和资源影响每个家庭与每个孩子时,我们落实得怎么样?坚持垃圾分类了吗?这个值得赞许的小孩,他的环保意识是发自内心的,他不仅跟自然环境保持着联接,而且也时刻关注着自己的生活环境。他这颗环保小种子的萌发也得益于幼儿园对孩子生活事件的关注和引导,在最初提倡垃圾分类理念时,王二宝经常在家向我科普什么是垃圾分类,我们为什么要进行垃圾分类,怎么进行垃圾分类……他说班级里的垃圾桶上都贴有图片提示,他会对应着看牛奶盒放哪、纸巾放哪、果皮放哪,老师也经常提醒他们垃圾怎么分类,放在哪个垃圾箱。

教育的过程不是一个由外而内注入、灌输的过程,而是一个由内而外生发、寻找的过程。在行动中学习,在行动中感受,在行动中发展,是孩子获得发展的途径。要做好垃圾分类不是靠言语说教所能完成的,而是需要身体力行潜移默化的。王二宝的积极参与、行动落实让我更加明白在和孩子一起生活时更应该保持一种审慎,把孩子当作镜鉴,来反省自身的教育行为,认真看待孩子生活中的每件小事,耐心倾听孩子的纯真想法,积极回应孩子的发展需要。

如今,亲近自然让我们身心愉悦,因为王二宝浸润在大自然美好的同时,他正确对待自然的视角也在闪闪发光。

儿童是"有能力"的行动者

儿童是活跃的、富有创造力的社会行动者。[①] 他们在内化各种社会规则、创造属于自己的儿童文化的同时,也积极地参与到成人的活动和生产中来,影响着成人的观念和行为。故事中的王二宝就用自己的"环保"行为对妈妈产生了影响,他不顾妈妈的召唤,专心致志地在垃圾桶旁观察、比较、判断着哪些是"可回收垃圾",哪些是"其他垃圾"。直到将所有垃圾都送到了正确的垃圾箱,他才心满意足地离开。当家长看到孩子这副"执拗、不听话"的模样时,或许很自然地就会认为他在调皮捣

---

① [美]威廉·A.科萨罗.童年社会学(第四版)[M].张蓝予,译.哈尔滨:黑龙江教育出版社,2016:3.

蛋、在贪玩。但是，当家长走近孩子，仔细地观察孩子，主动和孩子沟通并试图理解他的行为意图的时候，孩子往往会给我们带来许多意想不到的惊喜。

王二宝小朋友通过自己的行动加深了妈妈对于环保的认识和理解，这足以说明即使是幼小的孩童也能够影响家庭成员，并且为社会贡献自己的力量。透过这个小故事，我们也应该看到幼儿园教育在其中发挥的作用。

幼儿园是孩子们个人社会化的重要场所，孩子们把在幼儿园中所吸收到的知识、技能、行为等传递给其他家庭成员时，可以促使其他家庭成员的继续社会化。比如，王二宝经常在家向妈妈科普垃圾分类的知识、原因和做法，妈妈就能够更好地掌握垃圾分类的方法，更快地适应进行垃圾分类以后的日常生活。可见，幼儿园教育对家庭的影响力也绝对不容忽视。

除了让妈妈更加了解环保知识之外，王二宝还启发了妈妈反思自身的儿童观和教育方式。我们可以预见，王二宝和妈妈的亲子关系一定会愈加融洽和紧密。如今父母的角色形象、内涵、规范正在悄悄地发生着变化，要想更好地适应这些变化，成为更好的父母，必然要聆听孩子的心声，积极地面对孩子给父母带来的影响。

17　调皮捣蛋娃的善良

主人公：小铠
年龄：6岁2个月
班级：大班
性别：男孩
分享者：小铠妈妈

　　小铠是个非常调皮的孩子，按他自己的话"我是属小猴的"，在家上蹿下跳，沙发上、板凳上、桌子上，甚至衣柜上都有他爬过的痕迹。玩起轮滑、滑板车来，那更是飞速。在家没事就搞搞"小破坏"，一会儿把纸箱剪得满桌子满地；一会儿用颜料搞得到处都是颜色；一会儿就把刚买回来的水果摆成了果盘，然后变成了一堆堆果皮……这可能就是幼儿园探究课的"副作用"。他在外面和小朋友玩的时候也略有"霸道"，偶尔还会冒几句不知哪里学到的网络语。为此，我生气的时候会给他贴上"不学好""坏孩子"的标签。可是有一件事让我不得不反思，在孩子调皮捣蛋的外在表相里有着我们大人想不到的善良。这样的善良，正是值得我学习的。

　　事情的经过是这样的：有一天放学，我去奶奶家接他回家，奶奶向我说他怎么调皮、怎么不听话。我还有点生气，正准备对着他说，你怎么又惹奶奶生气了？他突然开口对我说："妈妈，我们去买青蛙好不好？"我心想这娃又在想什么玩的歪点子了？我问他："你怎么突然想买青蛙？"他说："要让它们回归自然！"

　　我本不想去，但在小铠的"说服"下，我本来骑车离菜场已经很远又折返回去，买了几只青蛙后，来到了月牙湖。小铠小心翼翼地打开塑料袋，让它们游到湖里，嘴里还不停地说："小东西们快走吧，快走吧，你们自由了。"

▲ 让青蛙回归大自然

爱护小动物是孩子最纯净的、不带一点功利心的善良。而我们大人总是戴着有色眼镜去分辨、去思考。现在,我会说:"小铠,为你的善良点赞。"遇事需要多多正向思考,这是孩子给我好好上的一课。

▲ 美好的大自然

我将这份正能量与大家分享、传递,谢谢!

目光清澈的儿童

相较于传统社会,如今的孩子们能够对成人施加更大的影响力。① 他们与成人的关系已经发生了颠覆性的变化,孩子们不仅能与成人更加平等地沟通,而且影响着成人生活的方方面面,使成人的许多决策和行动都会听取孩子们的意见。

故事中的小铠纯真、善良、亲近自然、热爱生命,这些都是幼小的孩童身上的宝贵特质。为了让青蛙回归自然,小铠积极地寻求解决办法。孩子真挚、单纯、善良的心灵让妈妈深受触动,于是妈妈答应了小铠的请求。

儿童的清澈善良的目光能够为成人带来力量,著名儿童文学作家曹文轩曾这样描述儿童的目光:"这样的目光是感人的,因为它呈现给我们的是那样一个世界,没有卑下,没有恶气,没有丝毫的怀疑。有的只是纯真、美好与善良。而这一切汇合在一起,便形成一种力量——一种使我们这些已经经受了生活与历史污染的灵魂而感到震撼的力量。"②小铠和妈妈的故事充分地印证了这段话的含义。

其实,儿童能够有效地影响家长不只是因为儿童展现出了某些美好的品质或行为,更重要的反向社会化条件是家长能真正地尊重和认可孩子,努力地理解孩子,善于发现孩子身上的优点,让充分的交流和平等的对话贯穿家长和孩子互动过程。总之,成人要引导孩子实现社会化,也要向孩子学习优点和长处。③

---

① 孙云晓,康丽颖.向孩子学习:一种睿智的教育视角[M].昆明:晨光出版社,1998:38.
② 粟粟.我的世界:随父母旅居加拿大记[M].北京:新华出版社,1998:5.
③ 刘晓东.论成人也应向儿童学习——从玛格丽特·米德的代沟理论看成人与儿童的关系[J].教育导刊(下半月),2005(10):27—29.

18 蓬勃地活在当下

主人公：诺诺
年龄：5岁7个月
班级：中班
性别：男
分享者：诺诺妈妈

诺诺从2岁多就迷上了涂色，等他大些时，我和邻居妈妈们一起给孩子们报了美术班。有一天美术课的主题是雪山和企鹅，课后练习就是画两只企鹅。晚饭过后，诺诺让我给他准备一下画画的底板，我说："只要画两只企鹅，不需要底板呀！"他回答道："是的，老师说只要练习画两只企鹅，可是我想画一幅完整的画，跟上课画得一样的那种，有雪山，有企鹅。如果我只画两只企鹅，他们就没有玩的地方了呀！"我顿时很好奇："你画的画还有故事？"他很认真地点点头："当然啦！你看我课上画了五只企鹅，企鹅妈妈和企鹅宝宝在玩耍，企鹅爸爸带着其他孩子在雪山上看他们玩。"于是，我给他准备好了画画的工具和材料，有底板、颜料、马克笔、黏土等。他非常认真地画了一个小时，完成了这幅画。我问他这幅画有没有故事，他说："这次我画了一家四口，还有一个小伙伴小企鹅。长着绿色睫毛的是我，旁边的是你，我和妈妈是好朋友。你旁边是个小妹妹，她有红色的睫毛，我们在玩，爸爸在远处看我们玩，他也很开心呢！"从那以后的每一节课，诺诺美术课回来都会给我讲他画里的故事。儿童眼里的世界真是太奇妙了，他的画里都是他天马行空的想象，有卖蓝色甜甜圈的甜品店，有渐变色的郁金香，有会搭载动物的热气球，天空会下好看的紫色雨滴……诺诺上画画课2年多了，老师每次布置的练习都是画一到两个图案，而他的画永远都是一幅完整的画，一幅有故事的画。

现在不管我自己工作多忙,每周三下班回来陪诺诺画美术练习已经成为一种习惯。我很喜欢坐在他旁边,看他认真勾勒出自己喜欢的图案,听他一边画一边给我讲画里的故事。有时候他也会让我帮他一起涂色,还会夸赞:"妈妈,你涂得好好看啊!"这时我感到时间流逝得很慢,这样的亲子时光仿佛能够治愈一切工作带来的疲惫和不快。不过,有时候我不太理解他的这种"执拗"——他有时也会不满意他自己画的东西,甚至会因为勾线勾错了直接重画。这时诺诺会对我说:"妈妈,是你告诉我的呀,做一件事就要做好,要么就不要做。我喜欢画画,我想把它画好。"我偶尔也会"质疑"他的画:"小蜜蜂怎么会流眼泪呢?"他会说:"蜜蜂难过了就会流眼泪,饿了也会,跟我们人类一样。开心的时候它还会笑的!"

诺诺在生活里的一些小细节,也让我感慨良多。比如,当我不在家的时候,他喜欢吃的东西总要留到我下班后跟我一起分享;看到弟弟吐奶了,他会飞快地递上纸巾;见我把弟弟抱手里坐着,他会拿来小凳子让我踩在脚下,这样让我能抱得省力一些;听到爸爸说头有点疼,他会拿按摩梳给他梳梳头……他就是这样一个暖心的宝贝,会用心观察生活中的细节,会关心他人,从不吝啬表达自己对家人的爱。

作为一名教育工作者,我反观自己的工作和生活,有时候做得未必有这个5岁多的孩子好。工作一忙,我会忽略对家人的关心,很多要交的班级材料和学科论文我都会拖拖拉拉到最后一天才交,对自己曾经的爱好也没有诺诺那样执着。有时候,我也很羡慕我的宝贝,成人的世界总是有太多的焦虑和不安,而孩子们却总能蓬勃地活在当下。渐渐地,我也尝试改变自己的一些做法:每次要交的材料提前准备好,做到今日事今日毕;耐心倾听我的学生的想法,帮他们解决学习上、心理上的问题;不把工作带回家,在家就用心陪伴家人;陪伴孩子读书的同时自己也一起阅读,给自己充充电……陪伴孩子是一场修行,孩子会进步,我也会一起成长。

从儿童身上找寻生活的真谛

诺诺对待自己所热爱的画画认真而投入,将每一次课后练习都画成一幅完整的、有故事的画,并会主动将画中的故事与妈妈分享。儿童在这个想象力蓬勃发展、情感世界愈加丰富的年纪,通过绘画这一表征方式将其内心世界展现得惟妙惟肖,如诺诺的画中那些天马行空的想象、不同寻常的人物形象与故事情节正是他对生活感受的表达。为此,诺诺妈妈也尽可能关注、呵护着孩子对这个世界的自主建构。同时,在与家人相处的过程中,诺诺既从他们身上学习,也贴心地回应着每个家庭成员的需求,毫不吝啬地表达着自己的爱。

诺诺妈妈虽然是一名教育工作者,但也在忙碌的生活和工作中慢慢失去了对家人的关心、对热爱之事的坚持和对生活的热情。而她正是在陪伴诺诺成长的过程中,开始积极反思自己,重新规划生活,并努力作出改变。在这个日益复杂的社会,孩子总不像成人,有那么多的"弯弯绕绕",他们被成人教育着、影响着的同时,也用发现"皇帝新装"的眼睛,映射着成人的言行。成人与儿童思想碰撞、矛盾冲突之时,便开启了反思与变革之路。在特定的问题与需要面前,成人通过将儿童的优势与自己的匮乏对照,来实现反向社会化,从儿童的身上找寻生活的真谛,改变自身观念与行为,增强社会适应力,这是值得我们不断深入探讨的共同话题。

19 那些小朋友教会我的事情

主人公：七七
年龄：6岁
班级：大班
性别：女孩
分享者：七七妈妈

因疫情，七七三年的幼儿园时光，几乎有近一半的时间是居家度过的。居家的日子常常是平淡的，没有小伙伴，没有游戏，加之家里有个小妹妹，有时候还要注意不能吵到妹妹睡觉。特别是今年，很长一段时间白天只有外婆带着七七和妹妹在家里。因妹妹还小，赢得了家人更多的关注，更多的时候七七需自行安排着自己的事情。这让我在她身上看见了难能可贵的"独处"的能力。

她是如何安排自己一天时间的呢？早上8点起床，七七上午自己看书，有时候也给妹妹读读书，姐妹俩一起做游戏。真正考验七七的时光是中午，

▲ 七七照顾她的"娃娃们"

▲ 给妹妹读书

▲ 七七停课期间在家里画的画

此时外婆要哄妹妹睡觉,没有人陪她。七七把画画班的学习视频安排在这个时候,她自己照着视频学习画画,画完拍照发我,由我交给画画班的老师。就这样,在停课的日子里,她画了近 20 幅画。每当她画完画后,如果妹妹还在睡,她就自己找书看,有时是科普书,有时是笑话书,有时是图画故事书。有时,她还会主动安排自己练字,在外婆提醒她之前,就已把字练好。此外,她还会找一块地方,照顾她的"娃娃们",那些都是她的"孩子",每一个都有自己的名字。当外婆做晚饭时,她就带着妹妹一起玩。

有时候,我会想,在停课期间七七每天会无聊吗?当我问她这个问题时,她说:"不无聊啊,我每天有很多事情要做,有很多很多知识要学。'娃娃们'也需要我的照顾。还有妹妹,我要帮外婆照顾妹妹呢。"她身上有股淡定的力量,重复的日子也不觉得无聊,不能出去玩也不感到遗憾,她非常迅速和安然地接受了这一切,并妥帖地做好了安排,然后享受它。抗疫和工作的双重压力,让我有时候也会变得烦躁起来……在我焦躁的时候,我常常会想起家里有个小人儿,她自己安排着自己的事情,把生活过出了趣味儿。作为妈妈,在这一点上,我是不如她的。自此之后,我也开始转变自己的心态,专注于手头的事情。当这些事都成了我可以琢磨的事情,我发现自己焦躁的心情逐渐得到了平复。

除此之外,我从七七身上学到的还有很多。孩子每天都会给我带来惊喜。

我一直记得,在她2岁多的时候,有次我们外出就餐,当她听见隔壁桌的孩子哭了时她很着急。我问她:"怎么啦?"她回答:"小朋友哭啦,(他的)妈妈不听话。"这样独特有趣的表达,让我开始思考,在教育孩子的过程中,要常常自省,学会倾听,站在孩子的角度看问题,去考虑是妈妈"不听话"(没有理解孩子),还是孩子真的犯了错。

我还记得,刚刚发现有了妹妹的时候,我们给她做心理建设,没有想到,她接受得奇快,并且她说了一句让我记住至今的话。她说:"妈妈,爱是分不完的。"她是这么想的,也是这么做的,她非常地爱自己的妹妹。的确,爱是分不完的,这是七七教会我的功课。

另外,她还极大地拓展了我的知识面:火山喷发是怎么回事、白云金丝和观背青鳉有什么不同、彩石鳑鲏和高体鳑鲏怎么区分、蜈蚣草长什么样、狐尾藻长什么样、以前的癌症手术怎么做、发烧要怎么护理等,不一而足。在她小小的脑袋里,有着大大的探索欲,这种汲取知识的热情,让我自叹不如。

在养育孩子的过程中,我也有过许多烦恼,但收获更多的还是快乐。七七向我展示了生命中最初、最美好的一面,率真独特、热情纯粹。孩子成长的过程,成就的不仅仅是孩子,还有我自己,这大概是给为人母亲的"奖励"吧!

儿童有其独特的思考方式

反向社会化的基本含义就是孩子向父母传递知识、技能、态度的过程。无论是孩子直接传递给父母相应的知识或技能,还是父母间接地受到孩子的影响,自发地改变某些态度或行为习惯,都可以作为孩子反向社会化父母的有力证据。故事中的七七妈妈向我们分享了几个有关孩子影响她的案例。这些案例分别涉及反向社会化的不同层面。

在生活态度层面,七七妈妈从七七身上学到了以更加平和淡然的心态来面对忙碌纷繁的生活。七七在疫情期间井井有条地安排和规划着自己的每日生活,坚持画画、主动阅读、快乐游戏,让自己的生活过得充实而满足。这让妈妈从她身上获得了一股力量,积极地转变心态,更好地迎接生活中的挑战。

在儿童观、教育观方面,七七妈妈也常常因为孩子纯真有趣的童言童语而感动,并从中看到了孩子独特的思考和体验世界的方式。

在知识层面,七七常常冒出许许多多的问题,她的求知欲和好奇心在一个个迸发而出的问题中生根发芽,这也让母亲"自叹不如"。

可见,如今的子代对于亲代的影响是全方位的,涉及日常行为、价值观、生活态度、文化知识等各个方面,[①]反向社会化无时无刻不在发生着。那么,孩子们何以可能产生这样的影响呢?这是因为,当今的孩子们所接受教育的多向性与接受信息渠道的多样性。在这样开放的环境中,孩子们能够吸收到许多父母没有传授的东西,他们所了解的东西可能已经远远超出了成人的预期,他们的社会化土壤丰沃无比。

---

① 周晓虹.文化反哺:变迁社会中的亲子传承[J].社会学研究,2000(02):51—66.

20　因为热爱　所以坚持

主人公：然然
年龄：5岁8个月
班级：中班
性别：男孩
分享者：然然妈妈

同许多孩子一样，然然喜欢足球的原因并无特别之处，纯粹是因为看到别的孩子踢足球而产生兴趣。起初，我们抱着锻炼身体的目的给他在一个足球学校报名，开始了他最初级的足球学习。一开始他对足球一窍不通，只会围着足球瞎跑，觉得踢足球就是别人把球"喂"到他的脚下，然后他把球踢进球门，以至在别人抢了他的球或者他抢不到别人的球时都会急得立刻情绪激动，有时候还会"哭鼻子"。

经过一段时间的学习后，他才渐渐意识到足球是有规则的，了解到足球场上不同位置的人的不同的职责，慢慢地适应了学习的进度和偶尔比赛的节奏，一点点地在进步。后来他甚至还敢在比赛中跟大他两三岁的哥哥积极拼抢，更在对抗中学会了与队员的配合。也许正是在这种学习和锻炼的过程中慢慢地让他对足球产生了喜爱，更是这种喜爱培养了他的一点点"坚持"。记得去年11月的一次校区比赛，当时气温骤降，还伴着初冬的阴雨，作为父母，我们的第一反应是不想让这个刚刚5岁的孩子为了比赛而被淋湿甚至生病，但他却坚持要上场比赛。他说他是首发球员，他喜欢踢球，即使下大雨他也要上场，如果他不上场他的队友就可能会输球。

难能可贵的是，虽有困难，但他还是保持着对足球的一种热爱。尽管年龄5岁不到的他在进入足球学校学习时就带着凌云壮志，"我要带领中国队踢巴西队踢个7∶0"。但一段时间后他发现，足球并没有想象中的那么简单，"好多小朋友很厉害啊"，他经常跟我们说道。但是他仍然没有放弃对足球的喜爱，而是坚持学习，在可能的情况下不缺席一堂课。

然然从小活泼可爱、机灵好动，在成长过程中，我觉得他最需要改进的地方就是因过于敏感要强的性格而导致的情绪控制能力较弱，不会考虑别人的感受，不懂得忍耐和坚持。然而，或许就是小小年纪的他对足球的这份热爱，让他慢慢地学会了一点"忍耐"，也学会了一点"坚持"。

然然学习足球这件事情也多少触动了我。作为父母，我们自己在对喜欢的事情有时候也不一定能够做到坚持。而他为了自己对足球的这份热爱，能够放弃睡懒觉，放弃一些诱惑，克服各种困难坚持下去，这种精神值得我这个做妈妈的学习。之前，我一直都很喜欢阅读，但由于平时忙于工作和家庭，慢慢放弃了阅读习惯。自从看到孩子对足球的这份坚持，我找到了重新拾起阅读的勇气，现在会努力利用一切可利用的时间来多看一些书，如在单位的午休时间、在等待孩子下课期间、在乘车的时间等。重组这些零碎片段，我又拾起了我对阅读的热爱，更加积极地面对生活。

▲ 喜欢踢足球

▲ 乐于帮忙

同时，我也意识到他慢慢地长大了，也渐渐地懂事了。我应把他当个"小大人"来看待。也许，现在小小年纪的他想法不成熟，但并不普通；有点幼稚，但也独立自主。他已有了那么一点点的坚持和执着。以前，我是一个有时候会"吼"的妈妈,在面对他的调皮和错误时会控制不住自己情绪,时不时地对他"吼"。但现在我会去多听听他的想法,多去问问他"为什么这么做",引导他多谈谈自己的感受,尽量去接纳他的情绪和想法。

我真心地希望然然以后的足球学习一直是快乐的,在对抗中培养竞争意识,在学习中懂得遵守规则,最后学会收获属于自己的智慧与胆识。

儿童的力量推动成人的进步

然然学习足球的过程充分展现了他的点滴成长与进步,从一开始抢不到球会"哭鼻子",到逐渐适应学习进度和比赛节奏,再到能在场上与对手拼抢球、与同伴打配合。不知不觉地,然然真正地爱上了足球这项运动,而其中最让父母惊喜的是他学会了坚持,不仅是对于平时的锻炼,而且在真正的比赛面前,能够不畏困难,下大雨也坚持上场,颇有团队意识。尽管很多孩子都比他厉害,他也不曾放弃,尽量不缺席一堂课,也比从前多了一点忍耐。

孩子一生的成长会受到很多事情的影响,而父母对孩子的悉心观察与全力支持会推动他们朝着积极的方向发展,然然热爱足球这件事正是得到了父母的持续关注与支持,才有了孩子现在的积极变化。

"因为热爱,所以坚持",看似再理所应当不过的道理,但不少成人已经逐渐失去这种精神和能力了,我们总有各种各样的理由和借口来自我说服,所幸还有孩子的自然本性可以点醒我们、引导我们。然然妈妈从孩子的言行中找到自己,重新拾起阅读的勇气,充分利用工作与生活的碎片时间继续阅读书籍,也更加积极地面对生活,这便是反向社会化在心灵上强大的推动力量。这力量是由儿童世界特有的光辉所带来的。

21 我与孩子相互成就

主人公：帅帅
年龄：6岁2个月
班级：大班
性别：男孩
分享者：帅帅妈妈

帅帅在刚进入幼儿园时，还是个害羞内敛、比较胆小的小孩，我更多的担忧是孩子会不合群、会孤僻。然而，孩子的成长与我的预期截然不同，孩子热爱幼儿园生活，喜欢自己的老师，喜欢自己的同伴，每当放假过后都期待早日回到幼儿园。他对老师交代的每一件事情都非常重视，并且认真执行。对于孩子给我带来的影响，我将从以下两个故事讲起。

第一个对我触动较大的故事，就是"光盘行动"。国家号召我们全民"光盘行动"，在成人中的推行效果似乎欠佳，但是对于孩童的影响却是深远的。帅帅每次吃饭都会吃到碗中干干净净，一粒米饭也不剩，并且还会骄傲地说道："在幼儿园就是这样的，老师说我们要爱惜粮食。"并且他还会问："妈妈，你知道这些粮食是怎么来的吗？"听到这些，对于同样作为教师的我来说，触动很大，让我意识到，原来一位教师的言行在孩子的心中是这般地有影响力。人生每个学习生涯，能遇到一位良师，这是一种幸运。这让已教书十年、处于疲软期的我深受鼓舞，于是我重拾高中课本，进行知识回顾，做高考卷……我相信只有这样做，才能让我面对的初三学子们收获更多，因为他们会坚信老师传授的知识；因为我只有站得更高，才能给予我的学生们更多。与此同时，我自己也收获了业务能力上的惊喜。这样学习，既能填补知识匮乏的自己，又能愉悦身心，真是一举多得。

第二个对我触动较大的故事，是关于"坚持"的学习态度。对于孩子学英语，我一直本着培养兴趣的想法。起初帅帅畏难，不愿意尝试，于是前期的学习都是我陪同他一起打卡。帅帅很要强,想要得到肯定,想要得三颗星,想要做到最好。但是,由于对自己的不自信,他不敢一个人大声读出来,一定要让我陪同一起朗读。可我也会有发音不标准的单词,这时屏幕会把"需要努力变好"的单词标红,这样帅帅就会要求再来一遍,有时候甚至是五遍、七遍,不厌其烦。然而,我是个急性子,就会有点不耐烦了:"要不先过?不然没时间做其他事了。"但帅帅却会

▲ 帅帅坚持完成练习

说:"我们得继续努力啊,直到颜色变成绿色。"这种似曾相识的学习态度,似乎在我身上已经消失了,我好像很久没有这般地执着于"要么不做,要做就要做好"了。为此,我也跟着孩子一直坚持,直到发音过关为止。这件事,引发了我的思考:为什么如今的我变得如此浮躁了?为什么没有孩童时期的学习热情和学习态度了?渐渐地,我找到了答案——我沉迷于手机,而忘记了终身学习的重要性。为此,我卸载了所有带有娱乐性质的软件,取消了所有的消息推送。突然间,我发现我能够逃离手机的诱惑了。我深刻地认识到,真的没有那么多的急事,若有急事,他人一定会打电话联系你。其实,当你拿起手机确认是否有急事时,往往会被消息推送给吸引,然后将时间精力消耗在无关紧要的内容上。所以,断掉了诱惑,我便发现自己也能静下心来看书、学习,发现自己也能早睡早起。就这样,我的体力、精力都得到了滋养。"坚持"早睡,"坚持"读书,是更有利于人持续发展的好习惯。

我很庆幸帅帅进入了这所幼儿园,在他身上,我看到了幼儿园生活带给他的成长。在孩子的映射下,我看到了我丢失的"珍宝"……我似乎更能懂得"父母教育孩子的过程,也是自身不断感悟和学习的过程"这句话的含义了。感谢小小的帅帅,你教会我成长,让我知道终身学习的重要性。我相信,在未来的成长道路上,你会继续用你在校园里学习到的好习惯、好方法、好本领,教会我成长。我也坚信,成长后的我,能再给予你力量,让我们彼此互相成就。

迈向终身学习的旅程

在这两个小故事中,孩子虽然没有主动地向妈妈传递特定的知识或行为,但却深深地触动了妈妈的内心,引发了妈妈的反思和改变。

有研究发现,养育事件在一定程度上可以促进教师的专业成长。其中,增强教师的自我发展意识就是养育事件带来的影响之一,这具体体现在养育孩子的过程中,教师学习的自觉性和主动性提高了,自我反思的意识也增强了。[1] 这与文中帅帅妈妈的表现是一致的。在第一个有关"光盘行动"的小故事中,妈妈因为帅帅的行为而震撼、感动,继而深刻地认识到教师的一言一行对于学生的巨大影响力。在这件事的启发下,作为初中老师的帅帅妈妈重拾高中课本,钻研试题,通过自己的改变带动班级学生的进步。在第二个小故事中,帅帅对妈妈的影响已经触及行为与习惯层面。当看到孩子朗读英语时一遍一遍地纠正、一遍一遍地重复时,妈妈再一次进行了反思,这引发妈妈做出了一个大胆的决定——远离手机的诱惑,并且成功地践行。我们可以想象,这需要多么顽强的意志力和自控力。

在以上两个小故事中,我们虽然没有看到帅帅主动教妈妈知识或技能,但却真正地促使了妈妈的转变,引发了妈妈的不断进步。从故事中,我们能够发现社会化的"终身性"特征。[2] 社会化的终身性是指人的一生都是一个不断变化的社会化过程,帅帅妈妈的不断学习和进步让她的社会角色和个体生命愈加饱满和丰盈就是继续社会化的结果。生命不息,社会化不止,持续不断的社会化过程贯穿着人们的一生,帮助人们更好地在社会中生活,也帮助社会不断地向前发展。[3] 目前来看,这一过程离不开亲代和子代之间的积极互动与相互学习:在长辈的教育、引导下,子代能够更好地完成初级社会化的过程;长辈又在子代的影响下迈向继续社会化的旅程。

---

[1] 刘芸.养育事件对幼儿园教师专业成长影响的研究[D].南京:南京师范大学,2008:23.
[2] 刘豪兴,朱少华.人的社会化[M].上海:上海人民出版社,1993:45.
[3] 风笑天.论人的社会化过程之特点[J].湖北社会科学,1987(03):57—60.

22 久违的"热情"

主人公：小姚
年龄：6岁6个月
班级：大班
性别：男孩
分享者：小姚妈妈

转眼之间，儿子小姚就快要从幼儿园毕业了。从6年前我们第一次相见到现在，在作为父母的我们眼中，小姚虽然有比同龄人大一个号的身板儿，但其实一直是个喜欢画画、喜欢看书、偶尔撒撒娇，并且不愿意多与陌生人接触的内敛的孩子。

有一天，小姚平时参加的篮球训练班组织了一次篮球赛，我们在征得了小姚的同意后，也为他报了名。报名的初衷其实只是为了让他多参与体育活动，磨炼他在集体中与他人合作的能力。但是从球赛开始的那一秒钟起，我们眼中的小姚发生了变化。每一个争抢球，小姚会扑倒在地奋力拼抢；每一次攻防转换，小姚会低头咬牙全场飞奔；在场上打球的时候，他会呼喊战术保持着队友间的沟通；在场下休息的时候，他会为场上队友的表现大声喝彩……打篮球的小姚在我眼中，一时之间竟然没法和平时在妈妈身边哼哼唧唧、在学习桌前磨磨叽叽的小姚重合起来了。

然而，最让我受到触动的是小姚的一句话。球赛结束后，小姚所在的队伍如愿取得了冠军，我问小姚："你在球场上抢到了那么多篮板球和争抢球，为什么大部分都传给了×××啊？为什么不自己投篮？"小姚回答："因为他投得准啊，就多给他投咯。我就做我做得好的，我抢球！球赛才能赢啊。"

作为身在职场的成年人，我从没想过有一天，会被自己孩子的一句话深刻地教育到。首先是清醒的自我认知，篮板球抢得好我就多抢，传球做得好我就多传，兢兢业业地做好自己的强项，把自己的优势发挥到最大才是做好事情的根本，赢球永远不是只靠投篮这一项本领。其次是清晰的局势分析，谁的投篮投得准、谁的跑动速度最快，所有队友的（甚至是对手的）行动特点都提前掌握好，再把这些分析落实到做事中，就会事半功倍。最后，也是最重要的，就是全情投入的状态。一场球赛打下来，小姚也是这一块那一块的擦伤碰伤，但是在比赛中，他完全没有关注过自己，而是一门心思放在球赛上。人到中年，我也从儿子身上重新学到了久违的"热情"二字。

其实，小姚带给我的影响不仅仅体现在观念上，而且在生活习惯、言行举止等各方面，都对我有着潜移默化的影响。

记得有一次单位布置的工作任务需要临时抽调别组的同事来协助完成。我作为该项工作的负责人，面对不熟悉的工作伙伴，一时间竟有些束手无策慌了手脚。正在一筹莫展的时候，我想到不久前小姚的那次篮球比赛，回忆起跟小姚跟我的对话，再一次被这个年仅6岁多的孩童所打动。孩子那清醒的自我认知、清晰的局势分析以及全情投入的状态不正是我这时所欠缺的吗？于是，在孩子的影响与带动下，我及时调整心态，召集组员，开会讨论，确定主题和实施方案，在后续工作中注重沟通和磨合，依据每个人的长处，及时调整工作步调，大家齐心协力。结果，在圆满完成工作任务的同时，我还结交了一群志同道合的朋友。

感谢孩子，教会我平和的心态，让我学会在逆境中成长。曾经看过的一篇有关孩子教育的文章中说：教育即生长，既是发现，也是发展。确实，我们在教育孩子，陪伴其成长的过程中，应多发现孩子的优点并向他们学习，共同提升孩子及我们父母自身的素养，与孩子一起相伴成长。

在这里我顺便提一句，带着从孩子身上学到的热情，当天的篮球赛我们五位家长组队打赢了对方——五位篮球教练组队。压哨绝杀！绝杀球我投中的。最后，我真心说一句："谢谢你，小姚！"

承认并接纳孩子的影响

  主人公小姚在篮球场上奋力拼抢、与队友保持战术沟通、为队友喝彩,并在赢得胜利后对妈妈的疑惑给出了自然的回应:他投得准,就多给他投,我抢好球,比赛才能赢。这让一旁观赛的妈妈深受影响,原来孩子已经具备了正确的自我认知,对赛场上的局势分析也清晰到位,并且能够全情投入。这场球赛启发了孩子的父母,即产生了反向的传递。如,小姚妈妈在接下来面对工作中的困境时,能够以孩子为榜样,及时调整心态,重新审视眼前的问题,带领组员发挥优势、团结一心,最终圆满完成任务。可以说,这是一个亲子间反向社会化的典型例子,更加印证了反向社会化是年长一辈实现自我更新所需要的。

  在这个不进步即退步的时代,每个人都应不断学习,成人即使作为知识、信仰、价值、规范的"优等生",也不能"自视甚高"。越来越多的事实证明,孩子在某些方面已经超过了成人,因此,我们必须具有以童为师的自觉意识,在陪伴孩子成长的过程中,不仅进行知识、文化的正向传递,更要接受来自孩子的反哺,就像小姚妈妈一样,发现孩子的优点并向他学习,同时注重提升自身,努力尝试对生活与工作投入"久违的热情"。

23 我的"小老师"

主人公：亿如
年龄：6岁
班级：大班
性别：女孩
分享者：亿如妈妈

我生女儿的时候是高龄产妇,38岁了。记得她上幼儿园那会儿,我常常半开玩笑地对她说:"妈妈40多岁了,要向4岁的你学习,你是妈妈的'小老师'。"

看似开玩笑,其实这是我的真心话。回想女儿这两年的成长经历,那些有趣而又令我深受启发的故事,在我的脑海中一一浮现……

耐心一点,把事做成

有段时间,女儿特别迷恋搭乐高积木,而且是小颗粒的那种。有次我给她买了一盒精灵宝可梦的乐高,她特别开心,一蹦一跳地跑过来对我说:"妈妈,我今天晚上就要把它搭好。"哪知道打开一看,足足有1260片!每一片差不多只有玉米粒儿的一半那么大。黄色、黑色、红色、褐色的小积木,令人眼花缭乱……

搭了20分钟,她就崩溃大哭:"妈妈,这个怎么搭啊?这么多!有的地方搭错了,抠又抠不下来,我今天肯定完不成了!"我看她哭得伤心,也很心疼,就说:"那别搭了,改天妈妈给你买大颗粒的乐高。"可是,女儿哭虽哭,手却没停,伤心了一阵子之后,她把眼泪鼻涕擦干,又开始对照图纸仔细地搭起来。

大概过了一个多小时,她跑过来兴奋地告诉我:"妈妈,妈妈,你看!我把底座搭好了,还有宝可梦的脚和尾巴,你看!你看!"我由衷地赞叹:"真不容易啊!后面就会越来越顺利了。你是怎么做到的呢?"女儿开心地与我分享她的经验:"要耐心一点啊!只要每天坚持,总有一天会成功的。"就这样,连续搭了五个晚上,她独立完成了这个可爱的精灵宝可梦。

▲ 独立完成的1260片的宝可梦积木

女儿面对困难和挑战,虽然也有情绪,但在行动上却没有止步不前。她耐心地、一点点地达成自己设定的目标,这种"把事做成"的心态,让我非常地触动。反观我自己,开展工作的时候,有时因为考虑得太多,任由"假想的困难"束缚了自己,最后,或退缩,或放弃;有时又因为过于追求完美,导致迟迟没有行动,让美好的计划束之高阁……"把事做成",意味着从目标倒推和分解步骤、创造条件、扎实行动、持之以恒。这不仅是来自对一个小女孩搭建积木的仔细观察,也是对作为成人的我在思考"如何开展工作"的最好启发。

不怕犯错,乐享过程

女儿非常喜欢画画。她画画的时候,要把所有的"家伙什"拿出来:彩铅、蜡笔、蜡块、水粉、水彩、橡皮、勾线笔、油画棒……一字排开,伸手可得。她特别享受那种恣意畅快作画的感觉。我在一旁观察,极羡慕她那种处在"心流"中的状态。有一次我问她:"妈妈看你画画,从来不打草稿,你是事先想好怎么画的吗?你不怕画错吗?"女儿说:"我没有事先想好怎么画,我也不怕画错,因为呢,要对自己有信心,即使画得不好,也没关系啊!我喜欢画画,这就够了呀!"

▲ 亿如的绘画状态：各种画画工具一字排开，伸手可得

▲ "我也不怕画错……我喜欢画画，这就够了呀"

因为爱，所以爱。对绘画的热爱，建立了她内心的某种秩序感：当她一拿起画笔的时候，就能心无旁骛、怡然自得地专注其中。她从不担心画错，因为对于她来说，仅仅体验画画的这个过程，已然很美妙了。也许，这才是真正的"活在当下"？

而作为成年人的我，判断一件事是否值得做，几乎都来自"有用性"这一个标准：能否达成目标？有没有实现价值？有没有存在的意义？但却忽略了"什么是自己内心真正热爱的"。我羡慕女儿画画的状态，这让我感悟到，只有做自己真正热爱的事，才能拥有自信、发挥创造力，才会被一股愉悦的、源源不断的力量所推动，为之不断探索和奋斗。

拥有"希望感"，生活更轻快

前段时间，孩子们居家上课近一个月，我由于自己的工作和学习上的事情比较多，再加上还要打理两个孩子的一日三餐、功课辅导等，忙得焦头烂额，不良情绪就像随时喷发的小火山一样。

有一天，我对女儿说："妈妈要练习控制发火的本领，努力做到一个月只发一次火，你能帮妈妈做记录吗？""好啊！"女儿欣然答应。她认真地画了一张"妈妈发火记录表"，贴在冰箱上。有一天，我接连发了两次火。事后我对女儿说:"妈妈这个月发火的次数已经超标了,怎么办?"女儿安慰我:"没关系的妈妈,从明天开始往后推一个月,那个月你努力做到只发一次火,不就行了吗?"孩子的一席话,顿时卸下了我的心理负担。

▲ 拥有"希望感"

我常常要求孩子们养成良好的行为习惯,但更多的是苛求他们按照我们既定的计划去完成。对于我们来说,如果没完成,随之带来的就会是一种挫败感。挫败感一再累积,又会丧失做事的兴趣和动力。

女儿的回应却教会我:拥有"希望感",更重要。当一个人拥有"希望感"的时候,是相信自己有能力实现希望的。同时,对于想做的事情,拥有"希望感"的人因其积极、轻松的心理状态,会更愿意寻找解决问题的方案,也会更主动。

和女儿的那次对话之后,我想了两三个可行的、控制发脾气的方法,比如想发火的时候就去楼下散步,或者去超市买一袋喜欢的零食等。我也邀请她继续监督我。同时,我也特别留意培养孩子们的"希望感",不再用僵化的计划去要求他们,而是更多地倾听他们的想法,理解他们、鼓励他们。有意思的是,我发现当我自己放松下来的时候,很多问题便迎刃而解了。

成为妈妈是我一生中最丰富的经历。孩子纯然的、更接近生命本质的状态,常常会带给我许多启发和惊喜。我和女儿,也在日常生活的点点滴滴中,相互学习,共同成长,努力成为更好的自己。

做主动反思的父母

这个故事里的孩子耐心地尝试拼积木,即使遇到困难也没有放弃,可以看出她是一个热情而投入的主动学习者,抗挫能力和坚持性都相当优秀。她因为喜欢画画所以不怕画错而只是享受绘画的过程,这让妈妈感受到了热爱和无惧困难的宝贵。这就是反向社会化的过程。

妈妈通过孩子得到了重新审视自己的机会,主动反思和调整自己的行为。成人社会功利主义风气盛行,追求短时间内的效率最大化,这时犯错就意味着成本的增加和浪费,因而耗时长、难度大、不可控的任务往往让成人望而却步。而故事里的妈妈向孩子学习,意识到兴趣和快乐是巨大的内在驱动力,试错是不断尝试、不断修正调整、通往成功的有效策略。妈妈不再一味地追求结果,而是享受做事的过程,并且妈妈和孩子建立了互相信任的积极联系,如在发脾气后妈妈会主动自我调节情绪,向女儿寻求建议。

24 我心惊悦——像娜娜一样乐享阅读

主人公：娜娜
年龄：6岁
班级：大班
性别：女孩
分享者：娜娜妈妈

"我心惊悦——如风，迫不及待。"我想了很久，发现再没有比英国诗人华兹华斯的这两句小诗更能描绘娜娜每次收到新书的样子和神情了。看姓名、拆快递，然后翻开新书，她这一系列动作如行云流水般一气呵成。她似乎能闻到新书的美妙气息。现在的新书虽已没有了香香的油墨味，但娜娜似乎能闻见那股她期待的味道。

娜娜在很小的时候就迷上了图画书。从几乎没有字的《皮特猫》系列绘本到《东方娃娃》杂志的《卜卜》刊，她一本接一本地读。小时候，经常能在书架旁，看到她小小的身影。她坐在那里一动不动地看书，身边环绕的都是从书架上抽出来的、已经看完了的书。看到她渐渐被自己看完的书给包围了，总是能逗得家里人哈哈大笑。就这样，阅读一直陪伴着她成长。从自己看图画、家人陪伴亲子阅读，到如今她已经完全独立自主阅读。

▲ 轮胎上的阅读乐趣

在看书的时候，娜娜总是全神贯注、雷打不动的，可以说完全做到了"充耳不闻"。她不会像我这样一会儿接接电话，一会儿看看微信，一会儿又去找找东西喝喝水。她总是能随时随地迅速进入阅读状态，并能持续专注于自己所看的图画书。她看书时候的神态，很像爱喝茶的人喝着香茗、爱喝咖啡的人品着香香的咖啡的样子,是十分悠闲、惬意的。她看书的姿态也是"花样百出",什么姿势都有,盘着腿、趴着、躺着、靠着、跪着……但无论什么时候,她都很专注,这应该是因为她那小小的心灵真的从图画、文字中感受到了书中内容的欢乐与悲伤。

酷酷的皮特猫、天真又顽皮的小兔汤姆、戴着红围巾的小青蛙弗洛格、花格子大象艾玛等,一系列经典图画书中的故事人物陪伴着娜娜生活的每一天。现在的她迷上了卡梅拉系列,对于书里的卡门、卡梅利多、卡梅拉这三只小鸡和三只坏蛋田鼠的故事,她总是乐此不疲地讲给大家听。家里的《不一样的卡梅拉》系列绘本一共有三辑,足足有 32 本之多。她每次看的时候,总是从书架上搬出厚厚的 32 本书,然后开始愉快的"卡梅拉"之旅。

到大班后,每周五孩子们都能从班上借一本图画书回家。有一次,娜娜从班级小小的图书馆,借回了一本《5 只好老鼠造房子》。她瞬间被故事里名叫大咖、小灰、小黑、小白和小小的 5 只老鼠给迷住了。她反反复复地说:"你猜喜欢饰品的是谁?热心帮助别人的是谁……"不仅如此,她还对 5 只老鼠用从垃圾堆里捡回来的东西而改造成的漂亮房子羡慕极了,表示也想要有一座用垃圾建造的房子。这本书,她一共借了三次回家。每次借回家她都反复看很多遍,并且认真地在纸上涂涂画画做读书笔记。她这种兴致勃勃、痴迷留恋图画书的状态,不正是我们成人所缺失的吗?

▲ 和奶奶一起阅读

▲ 被有趣的故事深深吸引

还记得有一次,在散步的时候,我问娜娜:"你为什么这么喜欢看书啊?"她看着我憨憨地笑了笑。是啊,这个问题该怎么回答呢?或许不需要回答吧。也许在她眼里,喜欢看书是一件平常而又简单的事情,是一件再自然不过的事情了。当看书变得和吃饭、游戏、睡觉一样平常,当阅读变得和空气、阳光一样自然的时候,她确实说不出什么具体的理由了,因为阅读已经和她的生命成长融为一体了。

家里书架上一本本的新书总是提醒我还没有看它们,而我总是认为自己太忙了,根本没有时间看书。但当我每每瞥见娜娜专注阅读的身影时,内心冒出一种大人不如小孩的羞愧感。事实上,我在家也时常会看书,但限于有用。现在的我很少会去读"无用之书",往往会因为要写文章或查资料等才会去读书,往往是囫囵吞枣、不求甚解。我的阅读里似乎少了曾经的诗和远方,只有可用的资料。在某种程度上说,我多少是处于这样一种被动的、功利的阅读状态。在这种阅读状态下,我或许可以获得一时的信息、文献资料等,但内在的灵魂却感受不到文字的温暖与滋养。

但真正触动我的是一个下雨天的晚上。因为下雨,全家人都没有出门,家里异常安静。娜娜爸爸躺在沙发上用手机打游戏,我也在用手机浏览各种信息,娜娜奶奶在隔壁房间也在用手机看视频,只有娜娜一个小孩在安静地看书。她时而抿起嘴笑一笑,时而用手指着书中图画,一副自得其乐的样子。看到此情此景,我陷入了深深的思考之中。手机里的游戏、信息、视频等也许能一时满足我们眼睛的愉悦,可从书本中汲取的精神力量足以慰藉人的一生。我心想:我们成人应该向孩子学习,用快乐、享受、充满期待的心情去看书。

如今,在她专注看书身影的激励下,我终于要把一本600多页的书《主体解释学》看完了,这让我体验到了不一般的愉悦感。这一次,既不是为了写论文也不是为了找资料,我只想"看看"当时米歇尔·福柯在法兰西学院给学生授课时的"现场",听他从古希腊—罗马哲学讲到毕达哥拉斯主义、伊壁鸠鲁学派、斯多葛学派等,听他谈人是如何从"认识自己"到"关心自己",如何修身与培养自我美德等。渐渐地,我有意识地观察娜娜看书时的身影;我也有意识地将手机放得离自己远一些,似乎开始像娜娜一样,喜欢随手从书架上拿出一本书兴致勃勃地翻看。慢慢地,我感受到自己的阅读状态发生了变化。娜娜的阅读是率性、纯粹又自由自在的,宛如她所喜欢的游戏,她从中所获得每一点的乐趣都将变成她童年的精神蕴藏。我向她学习的专注阅读、享受阅读,也将点亮和温暖我未来的人生之路。未来,我将和娜娜一样享受阅读,并持之以恒地乐而为之。

儿童是成人之师——此言不虚。

向儿童学习专心阅读的态度

这个故事里的孩子喜爱看书,看书对她来说并非只是阅读文字或图画,而是将自己作为书的一部分全身心地投入其中,感受书中故事情节、人物性格等的魅力。孩子看书并非追求将书看完的结果,而是享受阅读的乐趣,并且能够在阅读时保持专注,有着良好的阅读习惯。孩子对书籍的喜爱驱使了她对阅读的热情、投入和专注。

孩子的阅读态度也影响了妈妈的阅读态度。浮躁社会中的成人往往囫囵吞枣、不解书中意地进行着阅读,甚至很多成人难以静心阅读,被裹挟于电子设备构建的虚幻图景中。故事里的妈妈从孩子那里看到了专注阅读的重要性,开始进行专心的阅读,不再沉迷于电子设备之中。受到孩子影响的妈妈改变了自己的阅读态度,以享受的心态、欣赏的态度对待阅读,这就是反向社会化,推动成人不断向更好的方面发展。

25 一起做有意义的事情

主人公：瑾瑾
年龄：6岁4个月
班级：大班
性别：女孩
分享者：瑾瑾妈妈

瑾瑾是一个在外人面前很内向的小女孩，平时在家的表现也是中规中矩。她不太会主动去尝试新事物，经常是我在后面指一下她才动一下。

在她上中班的时候，我开始对她有了改观。我发现她并不像她展示给外人的那种"内向木讷"，其实她的内心非常有主见，而且很勇敢，敢于尝试新事物。在中班开始的时候，因合并班级，她们班有新的小朋友加入，午睡的时候需要有小朋友睡上铺。为此，班主任陈老师找我协商是否可以让瑾瑾睡上铺，我当即就同意了，但我内心是忐忑的，我不知道她是否能接受。于是，当天晚上我与她很随意地聊起了这个事情，让我出乎意料的是，瑾瑾很开心地跟我说："妈妈，我就想睡上铺呢，我从没睡过上铺。"我问她："是否害怕？"她说："不害怕，而且老师会保护我们的。"事后了解到，她的午睡情况确实也很好。

从睡上铺的事情之后，我开始有意识地让她继续发挥"主动性"。第一步，不再帮她洗澡。于是，她开始独立洗澡、洗头，刚开始水会流到眼睛、耳朵里，但她也不哭不闹，会很认真地问我："妈妈，你们大人是怎么洗头的呢？怎么样水才能不流到眼睛和耳朵里面呢？"我给她演示了几遍，她几天下来就学会了。在这个过程中她没有因为一点点的挫折就哭闹，勇敢得让人出乎意料。大概过了一个星期，瑾瑾又要求自己吹头发，我没有同意，因为我觉得吹风机属于危险的电器,小朋友不能独立使用。但是她很坚持,她说:"妈妈,我每次都会看你是如何使用吹风机的,我已经学会了,如果你不相信,你可以在旁边看我吹头发。"既然孩子这么说了,我就给她机会展示一下吧。果不其然,瑾瑾基本上能自己吹干头发,除了后面自己吹不到的地方需要我协助一下。

▲ 一起运动

通过这些很不经意的小事,我开始反思自己。我可能陷入了理所当然的一种思维模式,我会觉得孩子还小,这个她做不到,这个她不敢,这个有危险……但是,孩子的成长和能力往往超过了我们的心理预期。作为家长,我们首先要相信孩子,其次要向孩子学习,要敢于尝试新事物,不怕困难、勇敢去做,也许一次两次都没有成绩,但是只要坚持做下去,肯定会有所收获的。

如今,我经常会跟瑾瑾一起尝试以前从来没有做过的事情。我们一起种花种菜,一起骑行,一起运动……每次做一件新事情的时候,我们都充满着期待和喜悦,因为这些事情让我们的生活变得更有趣也更有意义。

相信孩子

陈鹤琴先生提倡的"活教育"中有这样两则教学原则——"凡是儿童能够自己做的,应当让他自己做","凡是儿童自己能想的,应当让他自己想"①。这两个原则共同强调了儿童是通过勤思考、动手做来获得直接经验的。可见,放手让孩子去尝试是多么重要。但是,现在许多家长却不知何时该放手,多大程度可以放手。家长总担心孩子尚未准备好,如同故事中的瑾瑾妈妈一样,事事担心,殊不知那个处处需要大人保护的小不点一直在悄悄长大。故事里,临时被换到上铺的瑾瑾不但不害怕,还主动提出要尝试睡上铺;在学习独立洗澡的过程中,遇到水流到眼睛、耳朵里的困难时,不轻易说放弃,而是积极地向妈妈讨教正确方法,并且表示自己通过观察大人,已经学会吹干头发成功说服妈妈,这些生活中不经意的小事都让妈妈感到一丝意外和惊喜。

瑾瑾的点滴进步被妈妈看在眼里、喜在心中,同时也在反思自己对孩子的看法和教育方法是否适宜。现在她明白家长不仅要充分相信孩子,给孩子独立思考与实践的机会,而且要向孩子看齐,勇于尝试新事物、遇到困难不放弃、努力坚持到底。这种两代人之间的相互影响是正向且持久的,父母与孩子一同去迎接生活中的新挑战,就是在一起做有意义的事,再一道成长。

---

① 陈一鸣.我的心在高原——陈一鸣文集[M].南京:南京师范大学出版社,2014:391.

26 遇见更多美好——我与孩子的邂逅

主人公：小满
年龄：6岁
班级：大班
性别：女孩
分享者：小满妈妈

从某种意义上来看，世间一切，都是遇见。就像，冷遇见暖，有了雨；春遇见冬，有了岁月；天遇见地，有了永恒；人遇见人，有了生命。我们和女儿小满也是生命中一场最重要的遇见。从她出生至今，我们已彼此相伴了数个年头，也愈加深刻地感受到亲子关系就是一场修行：父母教会孩子爱，而孩子也在帮助父母成长。

慢一点，遇见更美丽的风景

我是一个急性子的妈妈，做事风风火火的，而小满与我截然相反。在生活中，我总是会不自觉地催促着她，尤其是每天早上我总会说：快点刷牙啦，快点吃早饭啦，快点……接着便紧赶慢赶地出门，一整天就在这样急促的节奏中开始了。

有一天，我像往常那样骑车带着她往幼儿园赶，突然，她大声喊起来："妈妈，你慢一点！"这一喊把我吓了一跳，忙问她怎么了，她说："你骑得太快了，树上的小猫都没有了。""哪儿来的小猫？""就是树上画的小猫啊，每棵树上都画着不同的小动物呢。""真的吗？我怎么从来没看过？""因为你总是一下就骑过去了。"听她这么一说，在经过下一棵树的时候我放慢了速度，果真在树枝的切口处看到了画的一只小鸟，再下一棵树画的是一只长颈鹿……原来，几乎每棵树上都画有不同的动物，切口小的位置会画上小猫、小鸟这样小一些的动物,树干有洞的位置会画上长颈鹿、熊这样大型的动物,这么有趣,我居然从来没有留意过。小满问我:"妈妈,为什么树上要画这些小动物呢?""你觉得是什么原因呢?"我反问她。她想了一下说:"我想可能是大树太孤单了,就有好心人想要给大树找一些好朋友陪大树玩,但是有的小动物画得好高呀,难道是爬上树画的吗?"这个清晨,在我与孩子的一问一答中,忽然变得与以往不同了。即使路上的时光很短暂,我们也可以放慢脚步,和孩子享受当下的美妙风景。这时,我脑海中还浮现出了很多画面:吃早饭时小满把蓝莓摆成爱心形状激动地喊我看,刷牙时她用泡沫糊满嘴说"妈妈你看我像老爷爷",睡觉前趴在地垫上把她的玩具朋友们摆成一排,用不同的纸做成小被子给它们盖上……而我总因忙于一些琐碎的事情,有时只是敷衍地回应,有时甚至会忽略她的分享。

生活中的每一件小事,孩子都在仔细观察、用心感受,孩子会告诉你慢一点没什么关系。渐渐地,我发现:慢一点,我可以看看小蚂蚁是怎样叫来同伴搬动那掉落在地上的面包屑的;慢一点,我可以细细品味家人为我精心准备的每一样食物;慢一点,我可以随时停下脚步,捡起落叶、拾起花瓣,和家人一起分享;慢一点,我可以有更多的时间和家人在一起,做更多有意思的事情。

细一点,遇见更生动的生活

有天晚上,小满在床上翻来覆去不睡觉,时不时望望窗外。终于,她忍不住问道:"妈妈,怎么还不打雷啊?""为什么会打雷呢?""因为马上就是惊蛰节气啦,老师说惊蛰一般会打雷,轰隆隆的雷声把小虫子和冬眠的小动物都叫醒了,不打雷它们怎么醒过来呢?"原来老师已经开始带着孩子们了解二十四节气了,这可真是件很有意思的事情。我问小满:"你还知道关于惊蛰的哪些事情呢?""惊蛰过后天气会比之前暖和,小虫子会出来玩,植物会长出小嫩芽,更有春天的感觉啦。惊蛰还要吃梨,老师今天给我们读了惊蛰的书,说吃了梨子不咳嗽。"她有点兴奋地说。原来,在惊蛰节气里有这么多好玩的事情呀。作为家长,我再次感受到老师关注孩子们的生活、关注他们感兴趣的生活,还会在生活中和孩子们寻找和发现可以共同探究的活动,让孩子们在活动中真正地去亲近生活,真正感受到自己生命成长的有力脉动。

听了小满的介绍,我也对节气产生了更多的好奇,决定和她共同体味在每个节气中生活的乐趣。在接下来的一段时间中,我每天的乐趣之一就是听着她分享老师与他们在惊蛰节气中的发现:小果林的柿子树冒出了嫩芽,雨水的天气变多了,雨后在小菜地除草时还发现小蜗牛都爬到了菜叶子上,还有小池塘里的茭瓜、芦苇、菖蒲都从水下探出了头,抽出了嫩嫩的叶子……这些善于观察的孩子们连石板路缝隙里伸出头的小草都用画笔记录了下来。每当周末时,老师还建议家长带孩子走进自然,探寻更多关于节气的秘密。于是,在紫金山,她带领着我们认识了荠菜花、马兰头,说这些都是在幼儿园里老师和他们一同发现的,一路上还有很多叫不上名字的野花野草,她都要我们帮她拍照查阅,回家后还要翻开《博物大百科》再一一对照。

▲ 记录自然中的发现

▲ 寻找西瓜虫

这些与孩子共同观察到的细小的发现,不仅让我在脑海中构建出了一幅幅美妙生动的春天的画面,更触动我的是孩子对自己生活的热爱。她感受着生活中的事物给自己带来的乐趣、想象、挑战、专注与快乐,并在自己的行动中、在发现问题和解决问题的过程中,不断丰富和完善着自己生活的经验。我们也在陪伴她的过程中,又重新拾起对生活中点滴事物的那份好奇、那份想要一探究竟的童真与童心。

久一点,遇见更温暖的时光

刚上大班时,有一天她早早地吃完饭,就开始坐到书桌前忙活了起来,她说要完成一件大事——给刚刚入园的小班弟弟妹妹做礼物。她边做边说:"我要给小弟弟折一架纸飞机,他可以和我比赛谁的飞机飞得远,我再给小妹妹折一只小兔子,小妹妹肯定觉得很可爱,这样他们上幼儿园就会很开心吧。我在小班的时候,哥哥姐姐也来给我送礼物的,我可开心啦。"

从小满初入幼儿园起,她就感受着各种爱,除了每一位老师的爱,还有中、大班哥哥姐姐始终关爱着他们,在刚入园时会表演有趣的节目欢迎小班宝宝们,还给他们送上特别用心制作的礼物,带着他们熟悉幼儿园、一起玩游戏、在新年和六一儿童节时带着他们一起游园……就这样,小手牵小手,在哥哥姐姐的关心陪伴下,她也长大成为会关心弟弟妹妹的大姐姐了。在幼儿园里,孩子感受着爱,并在老师们的引导下、在丰富多

▲ 为弟弟妹妹准备礼物

彩的活动中也学会去表达爱、传递爱。每年的三八妇女节、母亲节,我都会收到小满在幼儿园里为我准备的礼物,有折纸小花、贺卡,还有为我创作的独一无二的画像;父亲节会邀请爸爸们去幼儿园参加活动,通过有趣的游戏让孩子和爸爸的关系更加融洽亲密;重阳节也惦记着平时辛劳的爷爷奶奶和外公外婆,邀请他们与孩子共同度过。一次重阳节活动后,我还记得外婆回家后激动地跟我说:"真是没想到我们还可以去幼儿园跟孩子一起过节、一起玩,小满还喂我吃重阳糕呢。"这件事,外婆时不时就提起,言语间充满了欣慰与感动。

就这样,小满也渐渐地变成了一个愿意主动表达爱、分享爱的孩子。她

记得家里每一个人的生日，会为我们悄悄制作生日贺卡，即使手法稚拙，但是贺卡上装饰的可是她一直珍藏着的小贴纸呢；她会模仿老师给我们"盖爱心"，表扬我们表现好，并说出我们每个人的优点；她把和爸爸的照片做成一本相册"我和爸爸的甜蜜时光"与爸爸分享；她还会把好朋友与她分享的零食特意留下一颗，悄悄放在桌上送给我……小满从小是个很慢热的孩子，但她也会用自己的方式表达着对每一个人的爱。我们爱着孩子，但更多的是我们在孩子的爱和包容里备受滋养。当爱在我们和孩子之间流淌时，我们彼此的生活便充满了意义。

▲ 与妈妈分享的小零食

▲ 送给爸爸妈妈的小印章

▲ 与爸爸的甜蜜时光相册

▲ 送给妈妈的手工小包

儿童带给我们的力量，是隐秘的，却往往震撼人心。我们要看见孩子最真实的模样，向孩子学习：对世界报以纯真，对世界报以好奇心，对世界报以汹涌的爱意……

孩子的爱和包容也滋养着父母

　　幼儿教育工作者通常会对社会化的基本要求进行教学法的加工,将基本的要求转化为游戏、表演、劳动、调查、讨论等具体的方式,让孩子们在特定的情境中进行学习和感悟。孩子们在幼儿园里探索节气和生命,在多领域的活动中亲近自然,通过多感官进行直接感知、亲身体验、实际操作。故事中的小满通过制作贺卡、帮助其他小朋友等方式,学习了分享和表达爱的各种策略。在幼儿园里,孩子们时刻被鼓励向教师、同伴、家庭成员表达爱意,其中的家园合作更是让家长与孩子有了更多亲子之间分享和表达爱的机会。这是教育机构的社会化职能的体现。

　　反向社会化则体现在孩子与家长之间。故事中小满对自然的探索欲和欣赏,激发了小满妈妈对周围世界的欣赏。原来,那些被成人忽视的日常里也蕴藏着奇妙的、有趣的细节。小满妈妈开始向小满学习,放慢自己的步伐,慢慢感受和欣赏周围事物。此外,小满对爱意的直言不讳,也温暖了所有家庭成员。在我们的文化中,成人习惯隐藏自己的情感,家庭成员间缺少爱意的表达。而小满对爱的表达影响了小满一家人,使成人也开始互相表达自己的爱意,这就是反向社会化的力量。

27　田野中热爱探索的"小小法布尔"

主人公：小恩
年龄：5岁3个月
班级：中班
性别：男孩
分享者：小恩妈妈

小恩在2岁多时就养成了每天睡前阅读的习惯。上幼儿园后，他接触到了更多的图书，阅读的兴趣越来越浓厚，阅读图书的种类也越来越广泛。上小班时，他迷上了一本书《昆虫记》，书中偷食卷心菜的菜粉蝶、拥有短暂生命的蝉、"手术专家"沙泥蜂等动物的精彩故事深深吸引了他。

自从阅读了《昆虫记》之后，他在生活中就特别关注小虫子。一个春暖花开的周末，我们去将军山踏春，刚3岁的小恩在草丛中发现了一只大大的蚂蚁，他饶有兴趣地蹲在一旁观察，见蚂蚁走他也走，见蚂蚁停他也停，足足跟了蚂蚁5分钟有余。他告诉我们，他发现了一只不一样的蚂蚁，并列数了不

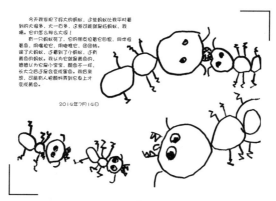

▲ 关于蚂蚁的观察记录

一样的地方,比如这只蚂蚁比平常的蚂蚁更大、更黑等。接着,他有意识地在地上寻找,惊喜地发现将军山上的蚂蚁有很多同伴,它们有的自己散步,有的合作抬食物,有的互相碰一碰就像在做游戏。我从他的眼神中可以看出那充满惊喜的神色,像星星一样亮晶晶。我鼓励他把自己的发现用图画的方式记录下来,因为他在幼儿园的时候就经常会用图画的方式记录发现,这方面他是非常熟悉的。

幼儿园的田野课程鼓励孩子探索,鼓励孩子研究,鼓励孩子在行动中学习。幼儿园的老师们善于发现孩子的闪光点,并放大这个闪光点,助力孩子的成长。回到幼儿园,他兴奋地与老师分享了自己对蚂蚁的发现,他的发现得到了老师的赞赏和肯定。老师用镜头记录了小恩在介绍蚂蚁时的表现,只见他眼神发光,很有满足感。于是,小恩对虫子的探究之路自此开始。

坚持的态度,执着的精神

每当假期外出,小恩总是有意识地去寻找各种虫子,每次都很仔细地观察虫子的外形和运动方式,并津津有味地跟我们一起分享他的发现,如蚱蜢有不同颜色,有的是绿色,有的是黄色。在多次观察之后,他总结出了一条经验:在绿色草地上发现的蚱蜢都是绿色的,在黄色草地上发现的蚱蜢都是黄色的。我终于明白:实践出真知。本以为他对虫子的探究热情是暂时的,他当时只是一个小班的孩子,但让我惊叹的是,他对虫子的研究一直持续到了大班。

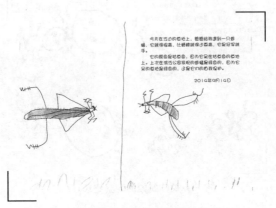

▲ 关于绿色蚱蜢和黄色蚱蜢的发现

在随后两年多的时间里,他观察了西瓜虫、鼻涕虫、螳螂、蚱蜢、蜜蜂、蜘蛛等,始终保持着研究虫子的兴趣。他这份认真的态度和执着的精神,让我这个"大人"表示十分钦佩。

持续的观察,多样的记录

除了比较观察,他还会认认真真地做好观察记录,这也得益于他在幼儿园里形成的良好习惯。这个良好习惯是孩子受益终身的。田野课程鼓励孩子用多种方式去表征,如绘画、记录、搭建、表达等,在研究虫子的过程中,小恩做了72份虫子记录。

从整个记录的过程来看,他的记录方式也是多种多样的,有关于单只虫子的记录,也有关于两种虫子的对比观察记录。他的记录内容也越来越丰富,从开始将虫子画下来,到后来对虫子的结构进行分析。每次翻阅小恩的虫子记录,我就像看到了他的成长过程。从中可以发现,他的思维是在不断发展的。

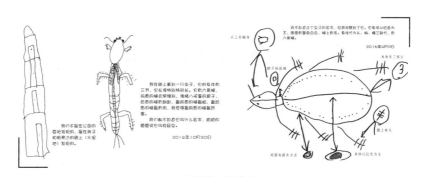

▲ 不同的记录方式

如今的小恩,是虫子的好朋友,他经常和这些虫子"亲密接触",这是基于认真探究而萌发的对虫子的真心喜爱。小恩对自然界虫子的持续探究让我这个当母亲的"汗颜",因为我是个对自然界并不敏感的人,也缺乏对未知世界的探究精神。在我眼中,树木都长得差不多,鱼的种类也分不清,虫子的特征就更别提了,正所谓"五谷不分",虽然学业成绩尚佳,但在生活中的学习能

▲ 与虫子"亲密接触"

力还远远不够。小恩的探究的热情和研究的执着深深打动了我,小小儿童可做的事情,我作为一个成人为何不可?我要和他一起去探究这个世界。

除了在大自然中去认识各种虫子,我们还通过阅读图书打开了知识的大门。在自然界探究虫子之后,我们再读《昆虫记》时会有进一步的理解和更深的感受。在小恩研究虫子热情的鼓舞下,我每天和他一起阅读《昆虫记》,交流阅读中的发现和收获。通过对虫子日常的观察,他只能关注到虫子的外形特征,但书中的故事更能让他进一步走入虫子的世界,了解虫子的生活习性,包括本领是什么、朋友是谁、敌人又是谁等。

现在的他非常崇拜法布尔,小小的他立志长大也要成为像法布尔一样能专心研究的了不起的科学家。

和儿童一起探究世界的奥秘

小恩通过《昆虫记》增加了关于不同昆虫的知识,《昆虫记》又萌发了他对昆虫的求知欲和喜爱之情。可见,图书对孩子的影响不仅是知识层面上的,还有情感和价值观层面上的。图书传达的价值观也在影响和塑造孩子的行为和价值观。在幼儿园里,小恩对昆虫的探究行为得到了老师的理解和支持。小恩在探索昆虫的活动中发展着多领域的能力,如语言表达能力、艺术表征能力、数学和科学思维等方面的发展。

小恩身上独有的对昆虫的求知欲和持之以恒的热情感染了小恩妈妈。小恩妈妈开始关注周围的生命,如自然界里的植物、动物等都是值得关注的。于是,小恩妈妈每天都会和小恩一起阅读《昆虫记》,一起探索神奇的昆虫世界。小恩的探究热情和研究的执着激发了妈妈的求知欲和探索热情,这就是反向社会化。当成人像儿童一样用好奇和求知的态度对待周围世界时,那些早已习以为常的普通事物都会重新焕发新的生命力和吸引力。

28 孩子是我的导师

主人公：潇阳
年龄：6岁9个月
班级：大班
性别：男孩
分享者：潇阳妈妈

在陪伴我们家潇阳成长的路上，我经常会想：我可以教些什么给他？我希望他以后成为什么样子？但是我慢慢地却发现，在相伴的路上他给我带来了很多感悟，无形中教会了我很多，如他的好奇心、他对规则的遵守、他的真实……尤其是在"情绪管理"这一块，感谢我家宝贝潇阳教会我的好办法和给我带来的进步。

在潇阳4岁多的时候，我有一次学到了大脑在生气时的运转原理，用个形象的比喻来说就是"大脑盖子掀开了，停止了理性的思考，所以就会露出动物脑，作出动物的行为，比如面目狰狞，甚至打人骂人等"。我觉得很有趣，便讲给了潇阳听，帮助他理解自己的情绪，他似懂非懂地听着。让我印象深刻的是，过了几天，有一次他把玩具扔得到处都是，我喊了几遍让他收拾，他才过来收拾。可是过了二三十分钟再一看，他在那儿玩起了玩具，收拾得甚少，眼看着已到晚上10点多，我的暴脾气一下子上来了，忍不住发火大声呵斥他。可让我没想到的是，他却回了我一句："妈妈，你的大脑盖子掀开了！"他竟然用我教他的来提醒我，我不自觉地开始察觉自己的情绪。的确，它好像大脑盖子真的掀开了，又好笑又有些不好意思。突然间我好像没那么生气了，大脑也开始思考起来：我为什么会生气呢？因为我也不想收拾那些乱七八糟的玩具，同时也不喜欢他的磨蹭，可是他好像真的不知道该如何收拾玩具呢。也许我应该先带着他一起收拾玩具再教他如何收纳,而不是把坏脾气传递给他。

再后来,他经常会提醒我"大脑盖子掀开了",或者有的时候会在我生气的时候说"妈妈,你好丑""妈妈,我不喜欢你皱眉"等。他在说着这些话的同时,不管我有多生气,还是会毫不畏惧地过来用手把我紧皱的眉头抹平。回想起这些话语,让我忍不住拿镜子去看自己:那副绷着脸,凶凶的样子真的很不好看,我真像是一个丑陋的巨人一样站在他面前,呵斥他。于是,我又想:这样真的奏效吗?

感谢孩子的提醒,让我开始觉察自己的情绪,反观自己的教子行为。后来我和潇阳还读过一本绘本《我不生气:冷静是种超能力》,但对我而言只是在当下有触动,后面若是遇到不顺心的时候,根本冷静不下来,也不想冷静。可是潇阳却把它运用了起来,尤其是在察觉到我情绪不对的时候,比如辅导他不耐烦时,他会说:"妈妈,冷静是种超能力,你到外面的房间冷静一下吧!"或是在我和他争执时,他会喊个暂停:"妈妈,你出去等等,我要冷静一下。"听到他说这些的时候,我感到真不好意思,也会受他的启发去冷静一下。是啊,冷静一下,也许有更好的解决方法。

▲ 绘本封面

▲ 和妈妈一起交流

感谢孩子的提醒,让我"看到自己",变得更平和,也更有耐心。我希望他能有好的社会情感力,其实最重要的是我要当好榜样,作好情绪管理。细心察觉,慢慢体会,孩子也许是我人生路上最好的导师。

做好情绪管理，成为孩子的榜样

情绪管理是个人和群体对自身情绪与他人情绪的认识及控制，从而使个体和群体保持良好状态的一种方式。孩子从妈妈这里学到了用"大脑盖子掀开了"来形容生气的情绪，从阅读绘本《我不生气：冷静是种超能力》中学习到了控制情绪的有效策略，这些都是正向的社会化。

反向社会化出现在孩子对妈妈的影响过程中。孩子在习得情绪管理的策略后，不仅自己运用了这些策略，还用这些策略在妈妈情绪略微失控时来提醒她注意自己的情绪。正是受到孩子的影响，在察觉自己的情绪后，这位妈妈选择了克制自己的情绪表达，并反思为什么会产生这样的情绪，以及如何更好地调整自己的认知或行为。家长在孩子的影响下反思了自己的教育方式，特别是当想要和孩子发脾气时应该先反思消极情绪的来源，是因为将自己的消极情绪转移到孩子身上了，还是因为孩子的表现与自己预期不同？在反思之后，家长应调节自己的情绪，向孩子发泄消极情绪不是好的教育方式，而是要寻求更优化的教育方式。可见，反向社会化推动了更为积极和健康的亲子关系的建立。

第二部分

父亲与子女

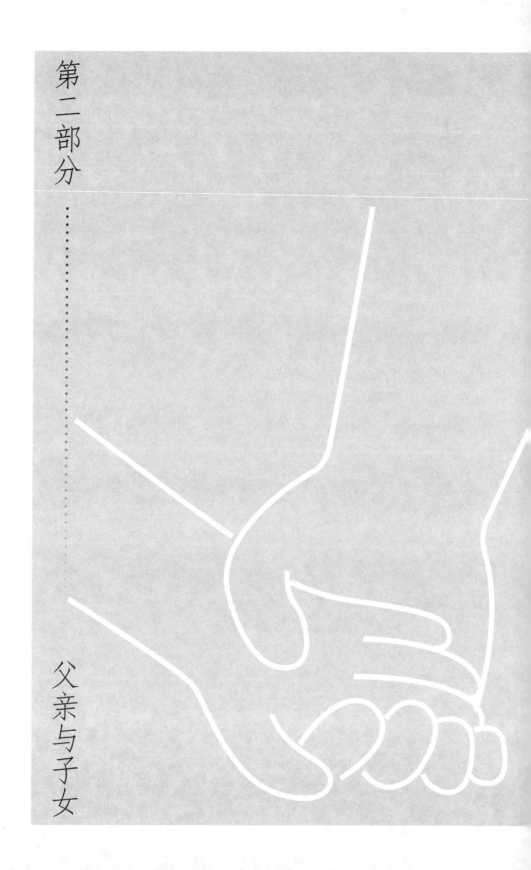

1 问渠那得清如许,为有源头活水来

主人公:汤圆儿
年龄:4岁11个月
班级:中班
性别:女孩
分享者:汤圆儿爸爸

在提笔写这篇文章时,我心里其实还有另一个标题——论儿童如何让"宅爸爸"不宅。

在没有女儿汤圆儿之前,我可能是个别人眼里标准的"宅男",户外活动少之又少。自从有了女儿,更准确地说是女儿上了幼儿园以后,每个周末我几乎就没有了宅的机会。在女儿好奇心和求知欲的"带领"下,我们不但需要共同阅读各类百科全书,同时还需要走到户外,走进自然,走到她想一探究竟的各个角落。她常"教育"我:"老师说要眼见为实!""我们一起动手试试吧!"

"爸爸,你知道柚子和香泡有什么不一样吗?""爸爸,八角金盘有的有七个角,有的是九个角,可是它为什么叫八角金盘?""爸爸,我告诉你一个秘密,我发现幼儿园的银杏树叶有两种分叉!""爸爸,拱桥为什么有桥洞?长江大桥为什么两边有桥头堡?"作为一个曾经苦修生物学的博士,我常招架不住她这一连串的问题。很多问题就像是"1+1等于2"一样,在成人看来就是这样的,可是孩子却不这么认为。正如"问渠那得清如许,为有源头活水来",作为父母,在人生的"半亩方塘"沉滞停止不可取,流动、交流是非常重要的。无论做什么,生命力是最重要的,只有不断学习吸收新的东西,才能保持自己的进步和富有活力的状态。

尽信书，不如无书

刚上小班不久，汤圆儿回家路上一定要去水果店转悠一下，据说是在幼儿园里发现了一种神奇的果实，按照她的经验，那一定是某种水果。"我一定要找到，带去看看一样不一样！"她在店里把每个体型较大的、外形椭圆的水果都放进了购物篮。石榴、柚子、青橘、蜜瓜、秋月梨……看她努力拎着沉甸甸的购物篮，我不由得再在手机里看看老师发到班级群里的图片。原来，老师是知道答案的，只是没有直接告诉孩子们，而是鼓励他们一起"研究"。

从汤圆儿选择体型较大的水果这点看来，她对外形的大小特征是有一定观察的。她回家后，先把一个个水果放在桌上，又对着照片把黄色和青色的水果分开，自信地举起了一个青色的柚子，并且要我和她一起举起"果实"装扮成大树。"果实是长在高高的大树上的！"她觉得自己找的果实应该是对的。如果对照书本上对柚子外观的描述，我也赞成她的看法。

▲ 去水果店找水果

▲ 回家与爸爸一起研究水果

当我了解到他们在幼儿园学习水果时是通过摸一摸、观察比较、切开比较，甚至是品尝了一点时，这种在我学生生涯中不曾有过的、从外到内全方位多感官地认知事物的学习方式让我折服。孩子认识一个事物，不是让他们记得专业上区别的门、科、属，而是调动各种感官的综合参与；不是局限在书本上的描述，而是在生活中去切身体会。只有不拘泥于书本的知识，敢于尝试与质疑,做一个有独立思考能力的人,知识的更新才会促使人类认知的进步。正如一夜之间,太阳系的九大行星变为了八大行星。

读万卷书,行万里路

对孩子来说,越是神秘、触不可及的事物越是能引起他们的关注。我相信很多孩子和汤圆儿一样,有一阶段可能会对恐龙很感兴趣。自从陪孩子一起阅读恐龙系列的图书,她就对各种恐龙充满了好奇。亲子阅读的过程也是亲子问答的过程,我要面对各种各样、千奇百怪的问题,比如,"爸爸,霸王龙是不是很大,它是不是很喜欢吃肉类?""甲龙宝宝生下来的时候,是一个蛋吗,这个蛋能吃吗?""薄片龙和蛇颈龙是恐龙吗?它

▲ 探索恐龙的秘密

们是一家人吗?""梁龙脖子这么长,它累不累?"每当听到这些稀奇古怪的问题时,我就特别慌乱,尤其是面对孩子渴求答案的目光时,我就特别希望自己是一本百科全书,能回答她的所有问题。虽然我知道的恐龙的知识很有限,但不能敷衍或者阻止孩子对未知世界的好奇和探索。

困惑之时,老师建议我们可以把孩子对书本的兴趣进行转移与拓展,如南京博物院、地质博物馆都有大型的恐龙骨架化石,可以带着她去近距离地感受。

虽然书中对每种恐龙的大小都有具体描述,比如身长 5 米、身高 7 米等,但是孩子通常对于数词和量词没有直观感受,即使书中有一些描述,比如体型大的恐龙大概有一栋楼房的高度,有的插图甚至还会在恐龙旁边画个小人儿进行对比。但是这些信息经过孩子的想象进入大脑后,还是与现实有较大差距。当汤圆儿走进博物馆,直面恐龙骨架的时候,她才终于对"庞大"这

▲ 与妈妈一起观察

个词有了切身体会……"原来恐龙有这么大啊",从书本走出去,这种近距离的直观感受加深了孩子对于图书中内容的理解。

建构成长的"桥"

当汤圆儿上了幼儿园,我才知道幼儿园的一花一草,甚至每一处自然环境与小建筑都有其"玄机"与秘密。图片上这座小石桥,在汤圆儿上小班的时候,他们班的孩子最爱从上面走过,听树叶沙沙作响,一路地蹦蹦跳跳。有一天,汤圆儿回来告诉我:"爸爸,小石桥它是有文字的!和我们看过的城墙砖有点像。灰色的感觉很古老,看起来就是有故事的……"沧桑与古老,历史与文化在此时无须多言,汤圆儿与小伙伴们发现的文字就是"物勒工名"的印记。

▲ 幼儿园里的小石桥

▲ 看城墙砖

"为什么会有桥?""我们身边的桥有哪些?""南京有哪些桥?""中国四大名桥是什么?""桥有哪些种类?""未来的桥会是什么样?"从幼儿园这座小石桥开始,我们开始了探究桥的旅程。那天,我们原本说好了要去看南京长江大桥,由于我的加班,见到她时已经夜幕降临。我想劝说她改日再去,汤圆儿大

▲ 与爸爸去看南京长江大桥

声对我念起了《明日歌》。不得不佩服小女劝说有方,于是我们决定一起去看南京长江大桥。

当汤圆儿一笔一画地用绘画记录下自己的发现和感受时,当她拿着自己的调查表(准确地说是调查手册)与同伴相互交流自己的想法时,当她和同伴一次次反复尝试搭建一座桥时,我深深感触:大厦之成,非一木之材也;大海之阔,非一流之归也。正是幼儿园有一群可以与她交流的小伙伴们,有一群勤于思考的老师们,有不急不慢给予空间与时间的田野课程,才能使汤圆儿用自己的方式建构成长之桥。

《小王子》中有一段话说得很是精辟:"我们整天忙忙碌碌,像一群群没有灵魂的苍蝇,喧闹着,躁动着,听不到灵魂深处的声音。"这样的喧嚣和躁动,成人常常想要摆脱却又很难做到。我们应该学习孩子对事物探究时的一心一意与心无杂念。

▲ 汤圆儿了解的桥世界

与大自然相处的回忆、阳光下香泡的香气、恐龙剧场温馨的剧目、小石桥上模糊的字迹等,这些都会在记忆中给予孩子成长的力量。遇见更多的爱,看见更多的希望,以及一寸又一寸的欢喜。活到老,学到老,让孩子的成长与成人的成熟之间的"半亩方塘"既灵动又有活力。

与孩子共同成长

这个故事主要说的是汤圆儿在幼儿园所经历的学习及其在家庭中的延续,幼儿园在教育观念和方式上对汤圆儿爸爸的冲击和影响,以及汤圆儿爸爸为满足汤圆儿的学习情趣和愿望所做的努力与所发生的改变。关于"柚子""恐龙""大桥"的三个故事都体现了幼儿园田野课程理念和实践的新发展,体现了现代儿童学习方式的重大改变。儿童是通过亲近自然、直接感知、亲身体验、实际操作、积极交往和创造表达来学习的,这对于很多家长来说,都会觉得是重大变化,学习不再只是坐在教室里听老师说了。

新的课程观和学习观要求把课程延续到家庭中,延续到生活中,因此家长必须成为共同的教育者。汤圆儿爸爸在此过程中有很多的启发和感悟。一方面他从幼儿园的教育方式上得到了启发。另一方面,汤圆儿对学习的投入、坚持和真诚也给了他不断努力的动力,意识到要不断学习,终身学习,与孩子共同成长。这就是反向社会化的力量。

2　谢谢你让我成为父亲——和小螃蟹一起成长

主人公：小螃蟹
年龄：5岁
班级：中班
性别：男孩
分享者：小螃蟹爸爸

在我的性格里有许多大大小小的毛病，比如对自己不熟悉的事情不够自信，又或者会因为一些小事的不遂心意就皱着眉头不耐烦地说话。这些毛病有些让我变得缩手缩脚不够大方，有些则使我平时在与人相处时带来了不少麻烦。一个三十多岁的人要改掉这些毛病可不是件容易的事情，好在我有一个好帮手，那就是我的儿子——小螃蟹。

以往，我总是习惯但又不自知地用带着傲慢的语气去回答别人的一些问题，在我的对话中常常出现"不是这样嘛""不是那样嘛"诸如此类的话，好像有些不耐烦地在回答一个不需要回答的问题。然而，长久以来我并不明白别人的感受，即使小螃蟹的妈妈提醒我，我也觉得不以为意。直到有一天，我问小螃蟹："小宝，你知道爸爸手机在哪儿吗？"他一言不发地走到沙发边，掀起一个靠垫，说"不就在这儿嘛"。那种语气和态度，简直与我一模一样，我一边笑着一边决心要改掉自己的这个毛病。从此我特别注意在小螃蟹面前说话的方式和语气，渐渐地，他也不再那样说话，这是我第一次感受到自己对孩子的"言传身教"。

在有些事情上，孩子就不仅仅是一面镜子，更像是一个耐心的老师，"指导"我把坏的习惯改掉。孩子越来越大，就越来越有想法，对什么事情都很好奇，都想上手去试一试。孩子爱做家务听起来是个令人开心的事，然而实际上孩子往往会做得一团糟,比如打扫时弄得满地都是水,或者不小心把什么东西弄坏。在我小的时候,发生这样的事,我的父母就会加以指责,或者干脆不让我做这些事。久而久之,一来我对那些陌生的事变得没有兴趣尝试或者在做得不好时候会有恼怒的情绪,二来我也开始用同样的方式对待我的孩子。在意识到这个问题后,很快我也发现儿子露出了同样的端倪。于是,我和小螃蟹进行了深入的沟通,告诉他小朋友做事情一开始做不好是正常的,多练几次就会做好。我很庆幸,没有因为自己的过错打击到小螃蟹探索世界的兴趣。更令人欣喜的是,现在每当我不小心又重拾当年父母对我的态度时,他会非常耐心地对我说:"爸爸,你好好地跟我说这样这样做,我会做好的。"于是我抱抱他表示认可,父子俩开心地继续玩乐。

▲ 和小螃蟹一起收获

▲ 热爱自然的小螃蟹

童年的乐趣在于探索和发现世界的奇妙。然而,许多人都觉得自己的童年有些遗憾,我也一样。但是,小螃蟹的到来给了我一个弥补的机会,孩子天性里就充满了对自然的兴趣,才 5 岁的孩子就能做到记住的植物名字比我还多。有段时间,由于小螃蟹妈妈在异地工作没法回来,每个周末,我们父子俩就带着渔网去郊外垂钓。小螃蟹会骄傲地给其他小朋友炫耀爸爸捞到的小鱼小虾,却不知爸爸已经悄悄地以陪儿子的名义再度过起了童年。

古人说,以铜为镜可以正衣冠,以人为镜可以明得失。在反观我的行为有没有什么问题时,儿子就是我最好的镜子。他用稚嫩的言行带着一丝可笑但是又十分认真地模仿着我的样子,这对我的触动胜过千言万语。从儿子身上,我学到了课堂上、书本里都从没有学到过的东西。我很开心,也很幸福,能够和儿子一起快乐成长。

与孩子一同探索童年的乐趣

小螃蟹的爸爸明白自己身上从个性到做事方式有一些不足,而改变自己不足的动力竟然是幼小的儿子小螃蟹。除了小螃蟹的纯真质朴启发和激励小螃蟹爸爸,还有小螃蟹在行为和态度中对自己的"复制"也激励着这个爸爸尽快改变自己。这是一个典型的由社会化的后果法则引发反社会化的例子。

小螃蟹爸爸意识到要以小螃蟹为镜子,看看自己的不足,改变自己的态度和行为,并愿意接受小螃蟹的批评和指正。最关键的是,小螃蟹爸爸还意识到了自己童年的缺憾,并努力让小螃蟹避免这些缺憾,这就需要改变自己。因此,小螃蟹爸爸采用了陪伴、共同游戏等方式,与小螃蟹共同享受童年的美好,一起快乐成长。

3　和孩子一起成长

主人公：嘟嘟
年龄：5岁4个月
班级：中班
性别：女孩
分享者：嘟嘟爸爸

常言道"孩子是父母的一面镜子"，通过孩子的一言一行，可以折射出家长自己的修养和举止。但同时，孩子又不只是家长的一面镜子，因为从孩子身上也可以看到家长平时教孩子养成良好习惯的实际效果。这些良好习惯，有一部分可能只是家长在口头上觉得应当如此，但在实际上并未真正去践行的，也正是在这些方面，我们发现了嘟嘟身上有很多值得家长学习的闪光点。

从嘟嘟很小的时候开始，我们就告诉她，一花一叶都是有生命的，除非它们已经随风飘落在地上，否则不要去主动折花摘叶。同时，我们也在给嘟嘟讲故事的时候，告诉她对于不当的行为，不仅自己不要去做，也要敢于去制止别人这么做。有一天，我们带嘟嘟在梅花山游玩，看到有些游客为了拍照而折断梅花摆造型。在一旁的嘟嘟当即就说："阿姨，你们不应该折花，花朵也是有生命的。"被说的游客顿时脸红，我们笑着把嘟嘟拉走，并且对她说："宝贝，你管好自己不折花就行了，其他人的事情少管，看你刚刚把那位阿姨说得都不好意思了。"小家伙明显不太服气，看着她的样子，我本以为她会对我说，为什么大人可以折花，我却不可以？但小家伙眨巴着眼睛，盯着我问道："可是爸爸，如果这样的话，那树上的花不全掉了吗？"

是啊，我们教育孩子不折花的目的是保护花朵，但如果每个人都"各人自扫门前雪，莫管他人瓦上霜"，那花朵仍然会被折掉，这就背离了我们的初衷。

我在想，为什么我们告诉孩子的道理，自己却没有从内心去认同、去践行呢。这可能是因为我们成人在进入社会后，逐渐接触到另一种"道理"：如多一事，不如少一事；少一事，不如无一事。在这种"道理"的指引下，在工作和生活中，我们就开始奉行谁都不轻易得罪的"老好人主义"，即使在遇到应当挺身而出的情况，也会想要退缩。现在想来，这种"道理"是要不得的，正如习近平总书记指出的："'好好先生'并不是真正的好人。奉行好人主义的人，没有公心、只有私心，没有正气、只有俗气，好的是自己，坏的是风气、是事业。"

其实，嘟嘟带给我的启发远不止这一件事情。嘟嘟喜欢看动画片，从中可以学到很多东西，包括英语和百科知识。但为了保护嘟嘟的视力，我们和她商定了每天的观看时间。有一回，嘟嘟妈妈跟她开玩笑说："嘟嘟，你知道自己是从哪里来的吗？是不是从爸爸肚子里生的呀？"小家伙抬起头说："怎么能从爸爸肚子里来呢，我又不是小海马。"原来通过看动画片《海底小纵队》，她知道了小海马是由海马爸爸育儿的。我们当时觉得挺欣喜，因为孩子能学以致用了，就对她说那今天就给你多看一会动画片吧。本以为小家伙会欢天喜地蹦起来大呼太好啦，可谁想到，她很平静地说："就按照原来的观看时间，宝宝的视力要保护好。"我们当时一愣，但随后就感到了深深的欣慰：孩子不仅有时间观念，能自律管住自己了，而且也知道了这种自律的目的是什么。

上面说的这两个故事，或许在别人看来都是很细微的琐事，但在我和嘟嘟妈妈心中都产生过不小的触动。诚然，我们作为父母在教育孩子，但事实上孩子也在用她的言行举止反过来教育我们，这应该是教学相长吧。从这个意义上来说，孩子也依然是父母的镜子，只不过这面镜子不只是简单折射出父母现在的样子，更能映射出父母应该成为的模样。家长陪伴孩子长大，也在和孩子一起成长，共同成长为一个大写的人。

教学相长

"孩子是父母的一面镜子",从孩子身上,我们能够看到父母教养的效果,而且很多时候孩子能够做到的,比父母更好。故事中嘟嘟的爸爸对此深有体会。通过讲故事,爸爸教给嘟嘟"一花一叶皆有生命,切勿随意折花摘叶",嘟嘟便在一次外出游玩时,即时"教育"了折花拍照的游客。而作为师者的爸爸却言行不一致,拉走了"多管闲事"的嘟嘟,却被"眼睛里容不得沙子"的孩子暗指出自己的违规与虚假。在看动画片时,嘟嘟父母出于"让孩子多多学以致用"的私心,允许嘟嘟多看会儿电视,再一次因"孩子主张严格遵守既定规则"而感到惭愧。对于父母的教导,嘟嘟谨记于心,并在生活中积极践行,这便是年长一辈对年幼一代知识、价值和规范的正向传递。

相反地,成人在经历过社会的打磨后,变得不再那么棱角分明、嫉恶如仇,取而代之的是用一套"老好人"的习惯为人处世,奉行着"不得罪人"的基本原则,对于教给孩子的道理,甚至自己都没有内化于心、以身作则。这样看来,成人有时确实应当向孩子学习,不在于知识上的反哺,而注重精神和心理层面的反向社会化,就像嘟嘟爸爸一样,将孩子作为一面镜子,映射出孩子理想中父母的模样,并为之努力,和孩子一起成长为一个大写的人。

4 喜爱故事的女孩

主人公：苗苗
性别：女孩
年龄：4岁10个月
班级：中班
分享者：苗苗爸爸

在我的印象里，当苗苗能够和我们开始语言交流时，她就是一个对故事情有独钟的孩子。请大人念绘本给她听、看动画片或者一些视频，再就是听一些故事音频（如成语故事），这大体上和别的孩子也没什么区别。不过，在听读故事上，苗苗却有自己的独特之处，可以大体概括为"广"和"精"。

苗苗的故事"口味"十分庞杂、涉猎广泛，古今中外没有她不喜欢的，有时都到了让我意外的程度。比如在小班的一段时间，她特别喜欢京剧《红灯记》，非常崇拜里面的女主角铁梅。她可以一口气将剧中的经典片段都看下来，甚至能模仿其中的一些唱段，并能将整个故事和人物关系说得头头是道。

苗苗在体验故事的"方式"上也与众不同。遇到喜欢的故事，她会让大人给她重复讲上很多遍，等听熟了则会自己反复去翻看绘本。至于动画片，因为考虑到保护视力，我们不会让她看很长时间，所以苗苗就会请我们给她放音频听。当故事烂熟于心之后，苗苗就会开始扮演故事里的角色，把故事演出来，这时手边一切可以利用的物品都会成为苗苗表演故事的道具。总之，"重复"和"沉浸"是苗苗体验故事的独有方式。

每次看到苗苗沉迷其事中的样子，在觉得有趣可爱的同时，我也会心生疑问：这些简单又"老掉牙"的故事真这么有趣？一个人真的可以用如此投入的方式来喜欢这些故事吗？直到某天的一件事，才使我的这些疑问得到了答案。

因为家离幼儿园比较远,苗苗每天要很早起床准备上学,这对于一个上中班的孩子来说,是件很辛苦的事。苗苗难免会有些"起床气",于是和女儿在晨间的斗智斗勇、软磨硬泡就成了我的每日任务,需要花费大量的精力和气力。

有一天早上,苗苗一如既往地和我闹别扭,不肯起床。眼看要误时间了,我急中生智,说:"爸爸给你边讲故事边带你起床怎么样?"结果,苗苗突然就安静下来,意外地配合起来。点子好想,但故事不好想,我搜肠刮肚总算是想起了《水浒传》里的"武松打虎"。我凭着记忆里模糊的印象,再靠临时发挥总算是把故事给讲完了。听着这个故事,苗苗也很顺利地起床洗漱,准时去上幼儿园了。

完成任务的我松了口气,很快就将这件事抛到了脑后。然而等到晚上下班回家,苗苗见到我的第一句话就是"爸爸,请你再讲一遍武松打虎吧"。于是在接下来的日子里,几乎每天我都要给她讲一遍武松打虎,后来买了相关的图画书,还找了电视剧、京剧里的片段给她看。很明显,苗苗沉浸在"武松打虎"这个故事里了。同时,她还提出了很多细节方面的问题,比如,武松打断的那根哨棒,为什么叫哨棒?武松吃肉为什么用手抓而不是用筷子?我发现,孩子总是会在大人不曾在意的角落里发现一些或古怪或刁钻的问题,弄得你不知所措,只能去查资料、翻"故纸堆"。

当苗苗终于将"武松打虎"的故事烂熟于心,我以为自己总算是过关了。然而,在又一个清晨,当我给苗苗穿衣服时,她期待地看着我说:"爸爸,你还有新故事吗?"由此,为了能让女儿在每一个工作日的早晨顺利起床,我开始了一个漫长的搜寻童话、寓言和成语故事的过程。这些故事,有的是在网上偶然遇见的,有的是根据儿时模糊的记忆而寻得的。我找到这些故事后,首先要将故事记住,然后用自己的语言重新组织,再讲给苗苗听。这一度让我觉得自己变成了《一千零一夜》里的那个公主。

在搜集和消化这些故事的过程中,我逐渐发现了这些看起来"老掉牙"的故事的魅力:人物角色看似简单,实则个性鲜明;剧情结构重复,其实充满了对称美;简短的篇幅,却能将把善恶真假讲得通透。这大概就是这些童话、寓言和成语故事得以流传几十年、上百年甚至上千年的原因吧。

最初,我觉得苗苗沉迷于这些故事中,是因为孩子阅历认识尚浅。但现在,我认为自己才是坐井观天。在如今这个信息过剩、追求感官刺激的时代,其实我们这些成人大部分都是那只井底的青蛙,我们被无聊的段子、猎奇的短视频、刺激的直播组成的井壁包围,沉迷其中无法自拔,早就失去了审美的能力。而只有尚未被世俗污染的孩子,才能更敏锐、更纯粹地去体会到这些古老经典中的美。

不仅是对于美的敏锐感应,在体验故事与文字方面,苗苗也足够做我的老师。在大数据兴盛的现在,我们能看到的往往是我们想看到的,"信息茧房"效应越来越明显。随之而来的,是我们视野的日益狭窄乃至观点思想的狭隘。但没有被现代技术彻底"驯化"的孩子,则比成人拥有更广阔的视野,他们的"空杯心态"也更容易去吸收各种各样的故事与观点。这是儿童的先天优势,十分值得我们成人去反省自己在接受知识与信息方面的狭隘。

▲ 苗苗正在阅读她喜欢的与恐龙有关的故事绘本

同时,因为苗苗对于故事反复体验的方式,也让我慢慢地发现了自己过去在接受信息、看待事物上的"懒惰"——无论是工作中学习业务知识,还是闲暇里欣赏文艺作品,浅尝辄止的浮躁心态,一直伴随着自己。但在给苗苗反复讲故事、回答她的一些"偏门刁钻"的问题时,我这才发现沉下心反复去阅读、去体会、去思考,会有怎样的收获。

在苗苗的影响下,我现在也尽力放下手机和平板,拿起书本,以更平和、更简单的心态,通过文字去重新找回发现美、认识美的能力。在陪伴孩子成长的过程中,父母看似在引导与帮助孩子学习各种技能,但其实又何尝不是在"重走童年"?在孩子的一言一行中,我重新学会以更简单、更纯粹和更投入的态度去对待生活与世界。赤子之心,这大概就是苗苗教会我的吧!

儿童让成人"重返童年"

快节奏和信息爆炸的现代社会导致了过度物化和势利的社会风尚,成人浸润其中已久,逐渐丧失了对事物的一种纯粹的感知,而去追求短时间内的更多刺激和快感。而孩子还处于纯粹的"赤子之心"的阶段,有着对世间万物更加真挚和本真的热爱和探索欲。孩子用自己最真诚的认识去感染和改变成人,使成人把孩子当作镜子,反思自己对待阅读、对待生活的方式和态度,透视自己的心灵。这就是反向社会化在心灵上的推动力量。

故事里的苗苗热情地投入到阅读、感受、探究、表演寓言与童话等优秀经典文学作品之中,这些在成人眼中已经耳熟能详的作品对孩子来说是初次见面。初见带来的新奇感固然会激发阅读的兴趣,但苗苗在新奇过后仍保持对每个故事全身心投入、珍惜和深入探究的态度,这种态度打动了苗苗爸爸。对于成人来说,这些经典作品可能也带来了童年时期珍贵的情感体验。然而随着现代信息流的冲击,用简单粗暴地获取信息替代深入的情感体验,成为阅读时的第一追求,这反而忽略了阅读文学作品中对美的感受和追求。可以说,苗苗的"喜爱故事"的行为里体现的不仅仅是孩子对待一个文学作品的态度,还蕴含了孩子对世界真挚的热爱与求知欲。苗苗爸爸受到孩子的影响,开始反思和改变自己对待这些故事甚至是对待生活和世界的态度,开始用更加简单、纯粹、投入的态度去对待生活与世界。

5 "向孩子学习"做一个自我担当和积极进取的人

主人公：小元宝
年龄：5岁10个月
班级：大班
性别：男孩
分享者：小元宝爸爸

由于工作原因，我在小元宝小的时候就没怎么陪伴过他。在我的印象中，小元宝话不多，有点敏感，甚至有点胆小，在上幼儿园以后他逐渐有了一些改变。直到有一次"爽约"的事件，让我发现小元宝身上具有体贴别人、热心善良、责任担当的品质。这种勇于承担责任的品质深深地触动了我，直到前几天的一件事更是加深了我对小元宝身上这种品质的认识。

由于工作繁忙，我平时照顾孩子的机会不多，所以大部分时间都是小元宝妈妈陪伴他。从内心来讲，我是非常想有多一些时间和孩子在一起交流的。

有一次工作单位举办会议，由于和我一起承担会务工作的同事家有一个女儿，且和小元宝同龄，所以我本着加深父子感情、促进小朋友的人际交流的想法，就把大家一起约起来。在前一天晚上，同事说孩子第二天来不了，所以小元宝就被"爽约"了。第二天一早，小元宝又跟着妈妈去玄武湖玩了。那天上午同事还是把女儿带来了，由于上午特别忙，没看好孩子，使孩子磕到了眼角，还缝了几针。晚上回家，我就给小元宝讲了这个事情，没想到的是，小元宝并没有漠不关心，一个劲地问是怎么回事，而且过了两天从幼儿园回来，还问那个妹妹好点了没有，他还自责要是他去了就好了，就能看好妹妹了。我一下子就意识到，孩子长大了，会关心人了，而且还挺有责任心的。

前不久,当我周末值班的时候,母子俩来探班。我带他们在单位食堂吃了饭,在体育馆打了球,然后就要让他们回家了。要回家的话,有两个方案,一是我送他们到地铁站,他们再坐地铁回去;二是我开车直接送到家。听了我们所说的方案后,小元宝说:"爸爸,你还是送我们到地铁站吧,就不要送我们回家了,你出去时间长了不好。"这次的事情,再次加深了我对孩子这种责任担当的好品质的认识。

反思和孩子的相处过程,真的有很多东西是值得我们成人去学习、思考和坚守的。作为成人,我们考虑问题就不会太单纯,由于考虑问题越来越复杂,反而丢失了人际交往中最简单和最真诚的东西,更容易去寻找别人的问题而推卸自己的责任。但是,小元宝在这些事情中的表现和行动真的让我受到了触动,对我产生了影响。小元宝能主动关心素未谋面的小朋友,没有工作经验却又懂得要遵守纪律、担当责任,在这些事情中获得成长的不仅是小元宝,也有作为父亲的我。

这些事情对我最明显的改变主要体现在两个方面。一方面,我的工作态度更加认真了,自此之后遇到有学生来进行业务咨询的时候,我不会再像以前一样产生那么多的抱怨,而是用儿子的那种责任感来鼓舞我。我会更加细心周到地跟学生讲清楚来龙去脉,把他们当成自己的孩子一样去关心爱护他们、帮助他们成长。另一方面,我变得比以前更加勇于去承担责任,能够自己做决定的事情,不再想着因为要承担什么责任而去推诿,在工作上更积极主动,能够多承担,也不会更多地犹豫。

其实,小元宝带给我的改变不只是在生活态度上,在学习方面也在潜移默化地影响我。有时候他在幼儿园学到一些知识,或者自己阅读了一些绘本,或者在兴趣班学了围棋、乐高等,他都会回来与我分享,这对于我的知识面也是一种扩充。同时,这也给予我不断学习的勇气,真的要做到活到老、学到老。

▲ 父子俩一起分享心情感悟

善于发现孩子身上的宝贵品质

这个故事体现了反向社会化。故事中的小元宝能主动关心素未谋面的小朋友,没有工作经验却又懂得要遵守纪律。小元宝有着较强的责任心和对同伴的关爱,这可能是家长的言传身教,也可能是幼儿园的教育。小元宝对遵守规则和承担责任比较敏感,这是社会化的作用。他已经习得了一定的社会规范,并用这些规范指导自己的行为。同时,小元宝对朋友的关心、对责任的主动承担、对规则的遵守等优秀的品质也影响着家长的行为。家长意识到孩子身上的宝贵品质,开始反思和调整自己的行为。家长向孩子学习,端正自己的工作态度,并主动承担更多责任。

孩子对家长的影响,不仅是在生活态度上,还向家长传递了一些知识和对待新知识的态度。在信息时代的成人更易陷入"信息茧房"之中,只接受自己熟悉的领域的相关信息,这就会导致成人对新知识或新领域保持较为警惕的态度。但小元宝的爸爸在小元宝的分享中不仅增加了对孩子感兴趣而自己不熟悉的领域的认识,还激发了自己对学习的勇气和热情。正是因为小元宝,小元宝的爸爸走出了自己的"信息茧房",以积极开放的心态对待新知识,与孩子一起形成了好学的家庭风气。

第三部分

父母与子女

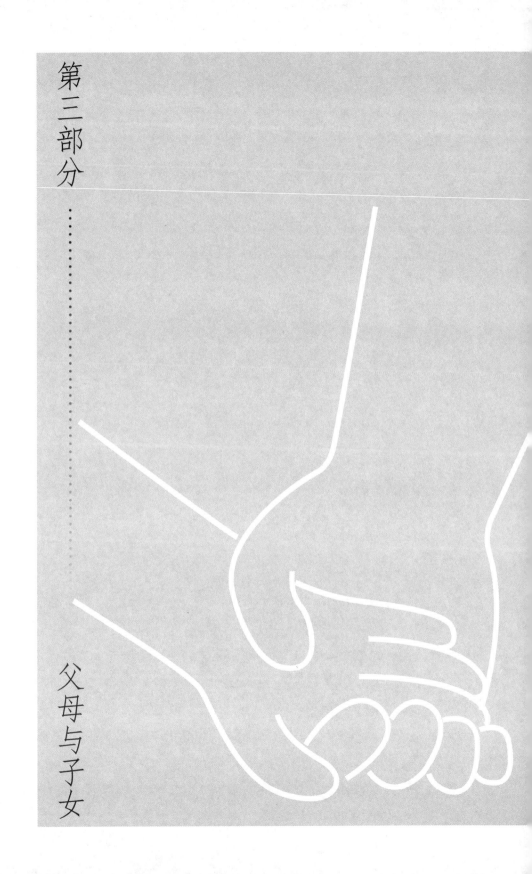

1　我被"小太阳"照亮

主人公：小草莓
年龄：4岁2个月
班级：小班
性别：女孩
分享者：小草莓妈妈

小草莓在满载着爱的家庭里出生，从小在她心里就"种"下了温暖的种子。她活泼、勇敢，最喜爱的颜色是代表着大自然的绿色，对这个世界的一切都充满着好奇，而且从不吝啬向家人和周围人传递心中的爱。作为父母，我们都被她深深感染着，学会去重新认识生活，更有耐心和爱心地对待别人，在社会中更好地诠释自己的角色。

记得那是在年初冬日的一天，我们一家在小区里散步时，正巧碰到物业的工作人员穿着雨靴、防水裤在水池中捞树叶和漂浮物。虽有丝丝暖阳，但瑟瑟的寒风还是让我们感到这些工作人员确实不容易。正当我们准备匆匆走过时，让我和她爸爸没想到的是，一向不善与陌生人交流的小草莓突然对着水池中一位年长的工作人员说："爷爷，你辛苦了！"我和她爸爸在吃惊的同时也停下脚步，在旁边默默地陪伴着小草莓并观察着他们。只见这位爷爷在听到这声稚嫩的关切时，他的脸上立即浮起了笑意，略有些冻疮的双手动作似乎也变得更有力了些。接下来，小草莓和这位爷爷聊了好一会儿，告诉爷爷她4岁了，上小班了，还一直关心爷爷累不累、冷不冷。我想，这位看起来已及花甲之年的老先生在这样的寒冬里选择做这份工作，也许是生活所迫，也许是想继续发挥余热，但总归是很辛苦的。看着老先生和她聊天时整个人都明亮了起来，手中的活儿也干得越来越带劲儿，身子仿佛都被阳光照耀得暖和了。我和她爸爸心里都为她的礼貌待人和同理心感到欣慰,很开心地看到她又温暖了一位身边人。告别的时候,爷爷告诉小草莓要好好学习,要听爸爸妈妈话,小草莓很开心地答应了爷爷,并说下次还要来看望他。

后来的很长一段时间,这个画面总在我的脑海中徘徊着。人之初,性本善,小朋友心中有着最纯粹的情感表达,他们的爱总是无条件的。小草莓经常会像小太阳一样,把自己的光和热传递给身边每一个人。现代社会生活节奏日益加快,在我们"80后""90后"家长每日忙碌的身影中,难免会烙上冷漠或自私的标签。但自从发生这件事后,我下决心自己也要像小草莓一样作出一些改变。现在的我,在坐地铁时会习惯性地先看一下每站上车的人,第一时间给有需要的人让座;在没有手扶电梯需要爬楼梯的地方,经常主动帮助老人、残障人士等拿行李;在遇到陌生人问路寻求帮助时,也不再像以前一样行色匆匆视而不见,而是非常热情耐心地帮忙解答。很幸运,我有一个心中有爱的女儿,她让我寻回赤子之心,让我能随她一同成长。

其实在生活中,小草莓还有一些"莓言莓语",抑或是一些小小行动,都在潜移默化地改变着我和她爸爸。她每天总是不厌其烦地向我们表达心中的爱:"妈妈,你知道我有多爱你吗?""爸爸,我对你的爱就像一条长长的大河那样长!我对你的爱就像一座高高的雪山那样高!我对你的爱就像夜空里的星星那样亮!""妈妈,我真的很爱很爱你,你可以永远不离开我吗?"……听多了这样暖心窝的话,不知不觉中我们也变得越来越有耐心和爱心,不再像过去那样浮躁不安,我们学会仔细去倾听小草莓的每一个声音,用心去感受她感受的一切,并且努力地向她表达着我们对她的爱。我和她爸爸都想努力成为她心中的榜样,我们都觉得现在对自己的工作也有了更多的认同感和使命感,工作上更加精益求精,希望能持续地为社会创造一些价值,对孩子从小就有正面的鼓励。

社会化是相互建构的过程

冬日里,小草莓自发地去问候在水池里清理杂物的物业爷爷,这是童年的恻隐之心,也是由儿童最纯真的感受所驱使的,没有功利,发自内心,温暖人心。这是人类天性的流露,也是同情心的自然表现,更是人性的光辉在童年的闪现。如果这样的行为不断得到肯定和赞许,对儿童未来亲社会行为的发展将起到重要的作用。

小草莓的这个行为,对她爸爸妈妈产生了重要的影响,尤其是对她妈妈。小草莓成了妈妈心目中的榜样,小草莓的行为温暖了妈妈,妈妈也将爱心不断播撒,去温暖更多的人,努力像小草莓一样在日常生活中友善对人、文明从事。小草莓成了妈妈努力成为有爱心的人的坚强动力。这就是反向社会化,小草莓对妈妈产生了教育和塑造的作用,让世界上多了更多的爱心,多了更多善良的人们。而小草莓的爸爸妈妈也努力想成为小草莓的榜样,他们"都觉得现在对自己的工作也有了更多的认同感和使命感,工作上更加精益求精,希望能持续地为社会创造一些价值,对孩子从小就有正面的鼓励"。两代人相互影响、共同进步,这充分说明了社会化是一个相互建构的过程。

2　早早的"十万个为什么"

主人公：早早
年龄：4岁8个月
班级：小班
性别：男孩
分享者：早早妈妈

在陪伴早早成长的过程中，我仿佛又经历了一次童年，在孩子的身上，我看到了很多成人已经失去的优秀品质。我在教育他的同时，他也在教育着我、影响着我。

4岁多的早早到了"十万个为什么"的阶段，不管走到哪里、看到什么、听到什么，他都有问不完的为什么：为什么红灯的时候要停下来，绿灯的时候可以走？为什么红绿灯没有其他颜色的呢？为什么导航说所有车道都可通行？为什么大家都会放屁？为什么在公共场合不能说屎尿屁……他的提问频率之高、涉及范围之广着实让我招架不住，再加上他不分时间与场合打破砂锅问到底的执着精神，常常让我"濒临崩溃"。这些在成人世界里已墨守成规的事情，要解释起来可没有那么简单，我对他浓厚的好奇心逐渐丧失了耐心。为了让他消停一会儿，我会找些十万个为什么的音频放给他听。于是，他瞪着大眼睛如饥似渴地听着，而我也做着自己的事情，算是两全其美。

有一天正吃着晚饭，早早忽然问我："妈妈，你知道蜗牛是世界上牙齿最多的动物吗？"我一下子怔住了，反问道："蜗牛有牙齿吗？"早早风轻云淡地说："有啊，蜗牛有一万多颗牙齿呢！"我非常惊讶，立马拿出手机搜索，发现果然如早早所说。然后早早又问爸爸："爸爸，你知道为什么午夜区的动物没有眼睛吗？""午夜区？"我和他爸爸面面相觑，我们都不知道深海还有个这么形象的名字,但结合语境,我们迅速反应了过来,回答道:"是因为用不到,退化了吗?"早早露出了满意的笑容,回答说:"是的!"

此时此刻我的心情有点复杂。早早听到并且记住了这些有趣的小知识,还能分享给我们,这一方面我很惊喜,为他感到骄傲,但另一方面,早早才4岁,我在他心目中的"全能妈妈"形象就不保了,这一天多少来得有点早了。与此同时,我也有些惭愧,早早实实在在地给爸爸妈妈上了一课,这引发了我的反思。

从什么时候起,我不再对生活中的细节充满好奇了?从什么时候起,我认为学习一些无用的知识会浪费时间?从什么时候起,我开始害怕提问、害怕展现出自己的无知了?从什么时候起,我给自己的思想画上了界限?我发现,我逐渐变成了自己小时候眼中那个有很多条条框框的"无趣的大人"。早早天然的好奇心与对生活的热情深深启发了我。他从不害怕暴露自己的浅薄,总是认真地提出问题,有些虽很幼稚,有些我也难以回答,有些甚至还有点哲学的意味。但我知道,他的问题和他得到的答案构建了他对这个世界的认知。如果我敷衍搪塞他,他也会失去提问的兴趣,逐渐失去好奇心;相反,我若能认真地对待他的提问并加以引导,可以逐渐培养他发现问题、解决问题的能力。

领悟到这些,我不敢再怠慢早早的每一个提问,也不会因为自己不知道答案就瞎编一个玩笑话蒙混过关,而是同他一起寻找答案。有趣的是,当这样做了以后,我变得很享受这个过程,也和早早一起学了很多的小知识,比如"痒痒树"怕痒吗?世界上最大的花是什么?人需要挖耳屎吗?我们也会因一群蚂蚁而驻足观察,一起看纪录片,一起搜索最厉害的奥特曼排名……现在我也成了奥特曼迷了。而早早呢,也经常说出一些让人惊讶的小知识,让我感慨小孩子不一般的记忆力和理解力。

刘晓东教授曾说过,在一定意义上,儿童是成人生活的导师,儿童的生活里蕴藏着人生的种种真趣、真谛。在与早早相伴成长的过程中,我们发现的确是这样的,如果我们能试着认真平等地对待孩子,让他引领着我们看待世界,我们定会找回自己对生活的热爱。

与孩子一同看世界

　　看完故事,早早这个求知欲很强、问题很多的男孩形象跃然纸上,十分鲜活生动。儿童对周围环境及相关知识的敏锐,既有内在的原因,那就是天性——好奇心和求知欲,也有特定环境的影响——一个鼓励、支持的环境才能维护儿童的好奇心和求知欲。早早的成长和表现就是这两个方面的结合。父母尽自己一切的力量,去回答早早提出的问题,当应付不了的时候,给他提供十万个为什么音频;当早早听了音频后,提出的问题更多、更难时,又陪伴他寻找其他查阅资料的方式。父母这种陪伴、应答和支持对早早来说是非常重要的。其实很多孩子都有可能成为早早,只是因为他们缺乏父母相应的支持,求知欲和好奇心慢慢地就减弱了。因此,早早父母所做的一切是非常有价值的,会影响早早一生的发展。

　　早早父母也是善于观察和反思的父母,能从早早的反应看到自己行为的效果。早早父母意识到如果应付性地对待早早,早早就会觉得无趣,就会失去兴致。因此,为了维持早早的好奇心和求知欲,早早父母认为必须真诚以对。这也是父母的进步,是父母向孩子学习得到的。当然更重要的是,早早父母能反思自己为什么缺乏了求知欲,为什么不能回答早早的问题,从而激发自己与早早共同学习,让学习回归自己的生活,真正作一个终身学习者。这是反向社会化的典型表现。这里反向社会化学到的关键内容不是知识,是对待知识和学习的态度,最终的根本改变是父母自己的行为。这无论对父母自己,还是对孩子早早都是非常有价值的。

3　孩子教会我"慢慢来比较快"

主人公：奕辰
年龄：5岁6个月
班级：大班
性别：男孩
分享者：奕辰妈妈

"妈妈，想想开心的事，不要生气，生气对身体不好。来，跟我学，放轻松，吸气……吐气……"看着他双手合十，眼睛微闭，有模有样地给我做示范。这让我正准备和他爸爸争论的那股气儿被消解了，反倒忍不住笑出了声。

这位给我做示范的小人儿，是我家二宝奕辰，今年5岁多。就在他熟睡后，我对着电脑屏幕准备写些什么，随手翻看手机里孩子的视频和照片，与小家伙有关的一件件事情浮现眼前，希望借由今天分享的几个故事与大家共勉。

奕辰每周末会有一次绘画兴趣课。有次课上，孩子们化身为小小动漫设计师，完成了森林主题的电视机立体书。他拿回家的作品，在我看来是有

▲ "脏脏"的动物们

失他正常水平的,涂色并不均匀,部分动物被画成了"小花脸"。那次我并没有表扬他,而是直接指出了他的问题所在。记得当时,奕辰还假作生气,说我是世界上最苛刻的妈妈。

当天晚上,从老师发来的视频中,我看到了他在介绍自己作品时,很自然地讲了一个故事,说明了他画的动物脸上为什么会脏脏的。

当时,我就意识到自己错了,只肤浅地看到他这幅画呈现的结果,却没在意他完成这幅作品时付出的努力。我真的没有想到,也很惊讶,孩子有他自己的见解,有对自己作品的分析能力,并且表达得很有条理、很

▲ 介绍自己的作品

有想法。这难道不比作品本身更可贵吗?第二天,我也向他承认了错误,并对他的做法给予了肯定,还共同就此作品进行了讨论。

正当你认为他是这世上最最乖巧的孩子时,你也会猝不及防地因为他而生气。就拿他幼儿园的"作业"来说,当时是中班上学期的活动"制作秋天的树",其中一期是关于银杏树的调查,前期我们已经在室外作了充分观察、收集了植物标本和查阅了大量资料。写到这里,我要插一句,可能有不少家长,特别是"急性子"的家长,总希望孩子能按照我们的方式,快速、高效地完成幼儿园里的各项"任务"。当然,我也属于其中一位。所以,在他完成"作业"的过程中,我总是忍不住凑热闹,自以为他需要我的"帮忙"。因为看他慢吞吞地做,这让我会非常着急。

但事实却证明,孩子压根儿不领你的情!我眼中的"完美",在这个"小不点"看来却是"我要的不是这样!你是大人,可我还是小孩,我有自己的想法,在我们幼儿园,老师讲的不是这样子的,我喜欢这样画,你弄得太丑了。"他说着几滴眼泪顺着小脸蛋滑落在画纸上。这下好了,已经很晚了,他仍要按照自己的想法,重新开始绘画!这把我气得转身走出了书房……

等我心绪平静下来,重新回到书房,便拿了本书翻看,我在旁不吱声地陪着他。看着他的小身体半趴在桌上,不停地写写画画,眼睛都快睁不开了,还要坚持着。作为一个成人,我有时真感到自叹不如。

我常常感慨这个小人儿嘴巴真能说,如今我也开始沉思:有些时候,孩子的所作所为看似并不起眼,却能促使我们静下心来,好好反思,欲速则不达。

当他完成了任务,转过头来,笃定地冲着你笑。这洋溢在他脸上的自信和喜悦,也许就是那份小小的成就感所带来的吧。有时,他的那份坚持会让你深深体会:陪着他,即使花再多时间也值得!

▲ 坚持制作银杏树的调查

每个孩子都是独一无二的,我家奕辰是一个很在乎别人感受的孩子,对他的信任和鼓励,于他而言,真的非常重要。后来发生的一件事,又一次深刻地让我体会到,在教育孩子的过程中真的不能急,急不得。

奕辰爸爸在教育孩子方面总是不慌不忙,他认为万物有它的生长规律,孩子亦如此。你尊重他,他必会还你以微笑。虽说我不是新手妈妈了,但 10 岁的大宝和 5 岁的奕辰,性格完全不同,我要想拿以前"对付"老大的那一套应对奕辰,完全搞不定。自奕辰上了幼儿园,那段时间,我完全失去了自我,几乎天天围着他转。从一开始的有求必应、一喊就到,后来在奕辰爸爸的再三建议

▲ 绘本封面

下,到现在的时而"装聋作哑",时而做个"局外人",去观察他、鼓励他。我渐渐地发现,他自己反而能处理好很多事情。

无论再累再忙,我每天都会陪孩子读书,最近我们共读了一本绘本《一

半？一半！》。"水天相接的地方，对鱼来说是世界的尽头，对鸟来说却是世界的开始。""为了理解对方，鱼必须抬头仰望天空，鸟必须低头俯瞰大海。"的确，不同的角度，就有不同的世界。也许，我们应该放慢节奏，抛却成人固有的观点，尝试站在孩子的角度去接纳他们的观点。试着做个"笨爸爸""笨妈妈"，或许会得到一份意想不到的收获。

  以前在工作时遇到点难题，我就会着急，时常欠考虑，事倍功半的事儿也没少做。但在教育孩子的过程中，我逐渐学着适当慢下来，先好好思考、厘清思路，有时会发现结果比预期的还要好，效率反而更高。很多时候，调整一下、换个角度，困难便会迎刃而解。毕竟，办法总比困难多。不仅如此，生活中在我和奕辰爸爸探讨孩子们教育的时候，我也会更加尊重他，而不是像以往固执地认为自己一定是对的，如果不按我的要求"出牌"，我就会生气，甚至会发生争论。很多时候，我们如果能站在对方的角度考虑，往往更能看清事情的本质，减少不必要的矛盾，从而让我们和谐相处。所以，奕辰爸爸在孩子们面前也时常打趣地表扬我："妈妈进步不小嘛，越来越聪明喽！"是啊，这份"聪明"所带来的幸福生活，大部分都得归功于我们的孩子们。

  因为疫情，全国很多城市都放慢了脚步。但实际上，慢下来，是为了更好地出发、更快地发展。陪伴孩子的过程亦是如此。急，只会乱了方寸。疫情期间，家里少了老人的帮衬，我和奕辰爸爸在跟孩子们朝夕相伴的日子里收获了更多体会。居家的那段时间，幼儿园每天会给孩子们开设各种各样有趣的线上课程，其中有节非常有意思的手工课——做立体花朵贺卡。借此机会，我买了一年也用不完的各种美工材料，心中窃喜："'小祖宗'，我在家工作时只要你不来打扰，随你怎么折腾。"那天，奕辰开始完成当天的任务，我先帮他在彩纸上画好7个正方形图案。接下来，我们各做各的事儿，互不干扰。他自己看着视频剪纸，一开始见他剪得很快，可不是缺一块儿就是不成形，我在旁边假装看不见，心里却急得想夺过剪刀帮他剪。就在这时，只见他放下手中物件，反反复复看着视频，嘴里念叨："我有办法了，我要慢慢来，别着急。

现在慢，以后会又快又好……"他抬起头，问我："妈妈，你说我说得对不对呢？"我没作声，微笑着点点头，对他竖了个大拇指。是啊，5岁孩子都懂的道理，我还急啥呢？

随后居家办公的日子，奕辰在我们旁边不是画画就是剪纸，独自倒腾他的"大作"，有时一弄就是两三个小时，只见他一会儿站着，一会儿跪在椅子上，完全忽视了我们的存在。看着他专注的样子，我和奕辰爸爸自然不忍打扰。他的一系列操作看似很慢，甚至略带笨拙，但让我欣慰的是，眼前的这个小孩子每天都有进步，并且从未停下过脚步。

我们与孩子相处时所经历的一件件事情，也许会被岁月冲淡记忆，但总有一些会镌刻在心底，值得我们回忆和反思。我和奕辰爸爸不禁感

▲"妈妈这是送给你的礼物，你工作辛苦了！"

叹：这些年，孩子们"教"会我们的，何止是一点点？很多时候，我们会刻意慢下脚步，放下不必要的应酬、放下永远做不完的家务、放下手机，真正去陪伴孩子们。不经意间，孩子们会给你带来点惊喜，当然，也少不了一些惊吓。但即便如此，我们也愿意用更多的时间去陪伴他们。

在陪伴孩子成长的漫漫旅途中，我们能够和孩子们相互学习、共同成长，这是多么幸福美好啊！光阴清浅，愿我们总能保持着一份波澜不惊的淡定与从容。那就让我们一起，一步一个脚印慢慢前行……

跟随孩子成长的节奏

对父母来说,科学育儿的关键是把儿童当作儿童,能体认儿童的成长有自己的节奏、有自己的规律。父母对待儿童不要强拉硬拽往前跑,不然只能事倍功半。奕辰妈妈在对奕辰的绘画作品的评价和自我评价中,反思到了自己对孩子认识的误区和偏差,意识到了对孩子发展来说"慢"的价值,意识到了奕辰有其自身的节奏。这个基本认识从本质上来说就是儿童观,儿童观正确了,教育观才有可能发生改变。

奕辰妈妈接下来的很多努力就是更深入地了解孩子,采用适合孩子的有效策略,不再强拉孩子奔跑,而是跟随孩子自然的节奏,与奕辰爸爸一起更多地去陪伴,更多地去等待,更多地去理解。同时,奕辰妈妈开始改变自己的工作节奏,尝试慢下来,多思考,提高工作的效率。这就是奕辰的学习和成长对奕辰妈妈的影响,具有明显的反向社会化的意义。

4　在自然中拥抱童年的美好生活

主人公：淼淼
年龄：5岁9个月
班级：中班
性别：女孩
分享者：淼淼妈妈

秋天里的一个周末，我和淼淼爸爸、淼淼按原计划宅在家里，各自做着自己的事情。过了一会儿，淼淼对我说："妈妈，不要窝在家里，我们出去找点宝贝。""宝贝？小区里能有什么宝贝？"带着疑惑，我和她一起下楼去小区里散步。一路上，淼淼一边走一边从地上捡了很多东西：飘落的小花、树叶，落在跑道上的小树枝、小果实等。只见她把捡到的这些物品放入了小布袋里，开心地说："妈妈，我们幼儿园在开展树叶主题活动，你看，我今天捡的都是宝贝呀。""你捡这些干什么呢？""妈妈，我要带回去，在我的宝贝盒里找些材料，这叫变废为宝！看我的吧！"我听了以后，心里有些好奇。对于淼淼口中说的宝贝盒我是知道的，自从她上幼儿园开始，便找来一个大纸盒专门收藏她在

▲ 淼淼的宝贝盒

幼儿园和户外捡来的各种宝贝:有小贝壳、有干花、有废纸板、有松果、有小蜗牛壳……

回到家后,淼淼迫不及待地拿出了她的宝贝盒,非常期待地说:"妈妈,我们一起动手做一个我们的森林舞台吧!"在淼淼的"指导"下,我们一起动手,找来废纸板和各种叶子,经过测量、修剪、绘画、涂色,把它们变成小树的样子,再用落叶、松果铺满小舞台,又请来小动物玩偶登上舞台,表演一场森林音乐会……

▲ 淼淼在制作森林舞台

▲ 制作不同造型的树

在这个五彩斑斓的秋天的午后,淼淼带着我一起收集大自然给予的美好馈赠:落叶、秋果、干花、树枝……她又带着无限创意和期待,全身心投入地用树叶拼贴、绘画、建构、游戏。就这样,我们与自然相拥,共享了一段美好的亲子时光。

其实在幼儿园里,每年秋天老师和孩子们都有一场与秋叶的约会:一地落叶可以开展一场树叶狂欢节;不同形态的树叶可以在孩子们的设计下开展创意服装走秀;散步时发现的不一样的银杏叶,又引发了关于

▲ 探索银杏的秘密

银杏树哪棵是树爸爸、哪棵是树妈妈的探究活动；或者寻找幼儿园的秋天，开办一场"一抹秋光诗中吟"的诗词大会，与自然相约，在自然中学习……为此，淼淼格外期待秋天的到来。

淼淼的快乐和期待远不止于秋天，在她对我一次次的讲述和分享记录中，我看到了她在幼儿园"田野课程"生活中的一年四季。

"妈妈，小菜地里的植物已经发芽啦！"

"妈妈，油菜花已经长得比我还高了。"

"妈妈，柿子树上开始结小果子啦！"

"妈妈，小竹林里今天冒出了小竹笋。"

"妈妈，我们终于算出来了，我们种的向日葵从播种到花开真的只需要五十几天。"

"妈妈，幼儿园小果林里掉了一地臭臭果。"

"妈妈，我们开始准备收芝麻啦！"

……

在幼儿园，淼淼在小菜地里播种，在雨中漫步、打水仗，在阳光下肆意奔跑，在草坪上玩游戏，她摘过柿子、种过葡萄、看过花开、挥洒过落叶、研究过雨水搜集器……春生、夏长、秋收、冬藏，淼淼精彩的田野生活从自然中开启。在幼儿园的"田野课程"中，我感受到，所有的自然元素都可以变成课程资源；我发现，即使是在幼儿园，孩子们也不是"宅童"，他们在老师的带领下去户外、去自然中做任何想做的事情。幼儿园就是一片广阔的田野，在这里，孩子回归本真的生活，他们在自然中游戏，与自然对话、倾听自然、认识自然、产生好奇、发现问题、自主学习，主动探索自然的奥秘。现在的淼淼对每一个季节的来临都充满期待，在"田野课程"中简单纯粹地生活着、游戏着、学习着。她是自由的、灵动的、愉悦的，在与自然的联结中不断向上生长，散发着动人的光芒。我真是太羡慕这些在田野中、在自然里奔跑的孩子们了。

渐渐地，作为家长的我们也改变了自己的生活方式。只要有时间，我们就和淼淼去户外、去自然中，去追逐春天的风、去寻找雨后的小蜗牛、去发现泥土里的秘密、去捡树叶玩娃娃家;在家里,我们会种植大蒜、种植豆苗,去饲养蚕宝宝、去记录每一次的发现。我们终于明白,淼淼的宝贝盒里收藏的不只是她的宝贝,更收藏着属于她的美好的童年时光。

作为成人的我们,在忙碌的工作与生活中总是有些后知后觉的,如当看到树叶落了才发现秋天到了。回想起在很多年前的小时候,我们也曾是小孩,会用一个下午的时间看蚂蚁搬家、看蜗牛爬行,等"石头开花"。孩子们的童年生活应该如此美好,而作为成人的我们,应积极参与孩子的童年生活,彼此倾听、接纳、认同与共同体验,并向孩子学习,去期待春天的第一朵花开、夏日的蝉鸣、秋天的落叶和冬日的第一场雪,在自然中去寻找生活的美好。

我想,我们成人和孩子们的生活,都应该如此美好。

和儿童一起走进自然,回归"林间"

淼淼是接受了幼儿园田野课程的教育的,因此,对自然充满情感,愿意去关注外面的自然环境和自然物。走进自然,捡拾自然物是她已经习惯的行为。淼淼不仅把对自然的情感、态度和行为带进了家庭,感染了父母,也把在幼儿园种植、观察的经历带进了家庭,使妈妈对淼淼与自然的互动了解得非常清楚,并且感受到了自然及亲近自然对淼淼的影响。这是一个淼淼亲近自然、深入参与、积极活动的建构过程,也是一个幼儿园社会化的过程。

淼淼对父母产生的影响充分体现了反向社会化的过程。这种影响是从参与开始的,首先是参与淼淼要求的散步和寻找自然物,参与自然物构建,倾听淼淼对种植等幼儿园生活的经历,从而从观念上产生变化,认识到亲近自然的重要性,然后改变自己的生活方式,更多地接近自然,陪伴淼淼共同探索自然,开创一种新的更美好的生活。

5　小小萌娃，大大能量

主人公：柠檬
年龄：5岁2个月
班级：中班
性别：女孩
分享者：柠檬爸爸

正能量之"规则意识强"

我印象中的柠檬乖巧、听话，也有点"话痨"，很喜欢不停地问我们问题。从她进入幼儿园之后，我逐渐发现柠檬的"规则意识"非常强，甚至有时候都觉得这个5岁的孩子有点"老顽固"、不懂得"变通"。柠檬对于平时学到的各种规则、需要遵守的纪律，真的会铭记于心，而且会一丝不苟地坚决执行，如果发现我们做错了还会及时纠正。

记得有一次，我早上开车载着柠檬和她妈妈一起去上幼儿园、上班。柠檬上车第一件事就是爬到安全座椅上坐好，自己给自己系好了安全带。当车子驶出小区车库后，柠檬第一时间提醒同坐在后排的妈妈也要系好安全带。此时，柠檬妈妈可能因为要忙着手头的事情，并没有把柠檬的话听进去。等车子又行驶了一会儿，柠檬实在憋不住了，对着妈妈频出金句："我已经提醒过你了，你怎么还没有系好安全带？不系安全带你不知道会被警察叔叔拍照、罚款吗？不系安全带很不安全，你不知道吗？"听到萌娃接二连三的质问，柠檬妈妈笑着默默地系上了安全带，而正在开车的我，已经笑到不行，但同时没有忘记"补刀"："柠檬，你说得真对！"

紧接着，我们的车子来到了一个红绿灯路口，为了省一点时间，在绿灯变黄灯、黄灯开始闪烁的时候，我并没有停下而是选择加速冲了过去。这时候，我从后视镜偷偷瞄了一眼坐在安全座椅上的柠檬。她一脸的严肃表情，跟领导似的开始发话："爸爸，你刚刚做错了你知道吗？你这样是很危险的！你应该停下来等一等，刚刚黄灯都亮了你还开过来了，'红灯停、绿灯行、黄灯亮了等一等'你没学过吗？回去我要扣你一张小贴纸（我们家里有小贴纸奖励惩罚规则）"……还没开心太久的我也同样被柠檬质问了起来，她还让我跟着她念几遍"红灯停、绿灯行、黄灯亮了等一等"。

以上简单的两件事情，我们很不好意思地给孩子做了错误的示范。这也让我不由得反思，平时我们都在不断地教育孩子"过马路不能闯红灯""要坐安全座椅""要系安全带"等。可是，为什么我们自己却做不到呢？孩子及时纠正了我们的错误行为，还被认为是不懂"灵活变通"。规则就是规则，每个人都需要去遵守，其实所谓的"变通"只不过是成人的"投机取巧"和"侥幸"罢了。

孩子那稚嫩的语气说的虽是日常最基本、最简单的交通安全出行规则，但恰恰又是我们一直忽视的。我们总以为自己是成人了，这种小事怎么可能做不对？但是事与愿违，我们的确是做错了。这两件事情让我印象非常深刻，一直引发我反思和学习。一方面，我要反思的是，不要总抱着侥幸的心理闯黄灯，万一出现同样侥幸或者没有规则意识的人，那后果绝对是很严重的。从那之后，每当开车行驶至路口遇到黄灯闪烁时，我都会想到柠檬让我跟她着念"红灯停、绿灯行、黄灯亮了等一等"的场景。是啊，停下来等一等，休息一下眼睛、跟孩子聊聊天也不错。另一方面，我也要学习孩子对规则重视的品质，正确的事情就是应该被坚持、被重视，不能因为是简单的规则而忽视它。

正能量之"任务意识强"和"做事情的坚持性"

五一假期的一天傍晚，我正在厨房炒菜做饭，柠檬走过来告诉我说幼儿园老师让他们在假期里帮助家长做一些家务劳动，比如拖地、洗碗、收拾玩具与图书等。因害怕热油烫到柠檬，我想打发她离开厨房，就敷衍了一句："那今天爸爸做'大厨'，你做'小工'，吃完饭你来洗碗，这就是你的劳动节任务。"

没想到，她很爽快地答应认领任务并走出了厨房。

吃完晚饭，我准备清洗碗筷。柠檬走过来兴奋地说："爸爸，轮到'小工'来洗碗啦！"我用极不信任的语气告诉她："你不会洗，还是爸爸来吧，万一你把碗打碎了，会划到手的。"柠檬依然很坚定地说："你都答应让我洗碗了。这是'大厨'给'小工'的任务！再说了，你教我一下怎么洗我就会了啊。"面对女儿极强的"任务意识"，我只好妥协并开始教她洗碗的方式：要先在洗碗海绵上打上洗洁精，然后从摞在最上面小碗到最底下的大碗按顺序洗，无论是碗的里面还是外面都要刷一遍，刷完的碗放到另一边水池里面再用清水冲洗……一套流程教完以后，柠檬自信满满地让"大厨"去厨房外坐着，剩下的就全部交给"小工"了，等会儿洗好了再喊"大厨"来检查工作。

坐在厨房外面的我看着站在水池前的小板凳上忙碌的柠檬，既有点担心又有点惊喜。让我担心的是，这个 5 岁的孩子能洗得了那么多的碗吗？毕竟还有两个汤碗是很重的。让我惊喜的是，"小工"洗碗的样子极其认真，而且整个过程中一直都没有说要放弃。

大概忙碌了半个多小时，我都没去打扰柠檬，静等着"小工"喊"大厨"去检查工作。后来我惊讶地发现，她把碗洗得远比我想象的干净，每个碗都刷了，而且的确做到了碗的里面和外面都没有油渍了。当然，我也毫不吝啬地夸奖了柠檬。

通过这件小事，我深刻感受到了孩子的"任务意识强"和"做事情的坚持性"。对于老师说的话、布置的任务，柠檬能一直铭记于心并找机会执行，而且在任务的执行过程中并没有轻言放弃，总是坚持着做完，这真的是一种难能可贵的品格。

就像以前柠檬学轮滑，动作学不会时自己会着急、会哭，我们一直在告诉她，摔跤、不熟练没有关系，只要坚持练习、不放弃，肯定能熟练掌握的。"坚持"原本是我想教育女儿一定要做到的品质，现在女儿却用自己的实际行动给我好好"上了一课"。就在那一瞬间，我深刻地领悟到孩子其实也是父母的老师：当我们在教育孩子的时候，孩子身上那些闪光的品质也在积极地影响着我们。这样的相互影响、相互成长、相互学习,我们希望一直都能坚持下去。

想起自己最近正在看的一本有关明朝历史的书籍,我好几次拿起书都想完完整整地把它看完,无一例外每一次都是半途放弃,实在是有点自惭形秽。试想,我哪怕每天只是看几页,一个月肯定也是能看完的。

从现在起,我要向女儿学习"做事情的坚持性",首要"任务"是看完整本有关明朝历史的书。与此同时,我要增强自己的"任务意识",每天坚持去看几页,哪怕只是一两页,只要每天都在阅读,一定能读完整本书。人无论做什么事都是一样的,真所谓"不积跬步,无以至千里;不积小流,无以成江海"。

守望童心

在爸爸眼里,柠檬是家中正能量的代言人,不仅做到严于律己,也能够时刻监督身边的大人,特别是在规则意识和任务意识的树立与执行上。在坐车外出时,柠檬先是自己系好安全带,紧接着多次提醒不守规则的妈妈,也即时教育了遇到黄灯没有等一等的爸爸;劳动节假期期间,对待与爸爸事先商量好的洗碗任务,柠檬毫不马虎,主动请教正确洗碗步骤,并能坚持不懈地把每个碗都洗干净。这两件事充分证明了柠檬小小的身上蕴含大大的能量。对待生活,孩子是无比认真的,不苟且、不做作、不将就。

很多父母经常教育孩子要系好安全带、不要闯红灯,老师也告诫孩子安全无小事,但在践行的过程中成人却往往"投机取巧",给孩子做了错误的示范。幸运的是,孩子能够保持初心,怀揣天真、纯洁和善意,守住生命的"底线";欣慰的是,越来越多的大人也会从孩子身上重新看到那些正确的、应该遵守的和值得坚持的事。可以说,像柠檬一样的孩子所具有的闪光品质,一直在积极影响着周边的大人,教学相长,让成人也不断"修炼",与孩子在彼此的生活中相互为师、相互学习与影响。

6　向孩子学习

主人公：圆圆
年龄：6岁
班级：大班
性别：女孩
分享者：圆圆妈妈

圆圆从小是个有高需求的宝宝,在我心里她一直是个需要不断被照顾、被关注的孩子。我一直尽可能多地空出时间陪伴她,总觉得我给了她很多很多的爱。但是渐渐地,我发现,其实圆圆对我们的那份纯真的爱才是真正的爱。

圆圆从小就很喜欢"捡东西"。我们出去玩儿,她总能在路上或在草堆里找出奇怪形状的树枝、树叶、小果子、小石头,并且一定坚持要带回家。我有些嫌弃这些东西,经常趁她不注意就扔掉了。

有一天,她又捡到了一些狗尾巴草和果子,还学着视频里的方法把狗尾巴草做成爱心形状,然后装在一个盒子里,说要给爸爸一个惊喜。与此同时,她还给爸爸"画"了一封信。

我感慨万千,我们成人认为的那些"免费物品"似乎没有什么价值,给孩子过生日讲究礼物和排场,总觉得需要高价格支撑才能体现对她的爱。然而,孩子纯净的心灵,不会给事物标上价码。圆圆对大自然的感知力和观察力让我们成人自叹不如。每当她看到了奇特的东西,都觉得想要跟爱的人

▲　给爸爸的一封信

一起分享。她把自己力所能及做得最好、最可爱的东西拿去表达感谢。

慢慢地，我们也开始学着她去观察身边的大自然。有时，我们还能发现天空中挂着很小很小的彩虹，然后我们就会为自己的发现一起欢呼。不过，让我真正明白"爱是什么"还是因为下面这件事。

圆圆一直都很关注家里人的生日，她经常跟我们确认，我们的生日是不是某一天。有一天，我很晚才下班到家，而圆圆一直等着我，见了我之后就塞给我一个礼物。这是用 A4 纸对折后做的生日贺卡。她画了大大的蛋糕、小蜜蜂，以及我和她一起看星星的场景，最后还画上她的自画像。

她让我在画的旁边给她记录贺卡表达的意思，她说我写，写着写着我就热泪盈眶……

▲ 送给妈妈的生日贺卡

▲ 生日贺卡内容：爱笑的妈妈

"妈妈，（当）你看到这只小蜜蜂（时）就很喜欢它，你正准备拿手机拍照片，就笑得不得了了。"是的，我也学着女儿开始观察身边各种好玩的或者是平平无奇的东西，经常拍照记录下来，没想到这个细节也被女儿注意到了。而且我总会开怀大笑，在她眼里，我是个特别爱傻笑的妈妈。当她把这些画在纸上时，我有一种一直被关注着的开心。

"我们在看星星，你准备拿手机拍照片，你觉得生活很美好，你说欣赏美才是世界上最美好的。"是的，我经常喊女儿和我一起抬头看天空，因为我觉得天空那么广袤包容，能给我们带来平静的感觉。我也的确跟女儿说过：欣赏美才是世界上最美好的事情。我真没想到这些话她都记得。而这些又何尝不是女儿教会我的呢?

▲ 生日贺卡内容:一起看星星

▲ 圆圆的"照片"(自画像)

"这是我的照片,请你记住我的照片,我很爱你,妈妈。"有了女儿之后,我总觉得她很快就长大了,所以经常把手机里她的照片洗出来,做成几本相册。这些做法也被女儿观察到了,于是她自己画了一个自画像,想要陪伴我、温暖我。

我们常常说生活要有仪式感,仪式感不是总体现在吃一顿或者买买买上,其实仪式感不就是被关注、被爱吗?女儿给我的这么特别的仪式感,给了我很多感动,也让我有了许多反思。

爱,不是用金钱或者身体的劳累来衡量的。爱,是用心地关注、欣赏和支持。爱,也是一种互相的影响,让彼此都能更美好。就像花儿和蜜蜂一样,它们在一起才能让世界如此美妙。

现在每天睡觉前,我和圆圆爸爸都会抱着女儿,说一说今天最高兴的三件事,然后再分享几件好笑的事。有时候,一天中可能并没有那么多高兴的事发生,但是我们只要静下心去回顾这一天,就会发现在那些很容易就被忽略的星星点点的细节里其实也会藏着许多"宝贝"。因此,每一天都变得那么珍贵。

我的女儿普普通通,就像一片树叶那么普通,但是她又是那么的独特,世界上再也找不出相同的另一片树叶了。我以为是我们给了她生命和快乐,但其实是她点亮了我们的世界。我以为我们会教会她很多,但其实是她让我们懂得了人生最宝贵的"爱"。

像儿童一样热爱生活

　　这个故事体现了双向社会化的过程。圆圆对生活中的一切事物都有着纯粹的好奇心、真挚的爱,在圆圆看来事物的价值不是由物质的价格赋予的,而是由情感价值赋予的。如她认为妈妈因为一只蜜蜂而微笑,那么这只蜜蜂就是妈妈喜欢的,就成了圆圆想要妈妈开心而送给妈妈的礼物。孩子对待一花一草一木都是那么的真诚和热情,这样的态度改变了圆圆父母对生活的态度。父母也开始关注周围环境,关注、欣赏、赞美自己当下的生活。生活里随处可见的星星、树叶都是组成某一日生活的珍贵片段,都是美好生活里值得珍视的记忆碎片。圆圆给父母带来了精神上和心理上的反向社会化。

　　而改变后的圆圆父母也在对圆圆产生积极的影响。在过度物化的现代社会,成人往往倾向于用物质价值评判事物,常常用是否昂贵、是否有用作为衡量事物价值的标准。但受到圆圆影响的圆圆父母,在生活中珍视一切寻常事物,再普通的东西被赋予情感价值后都变得弥足珍贵起来。孩子如宝石般纯粹的心性在日常生活中得到了正向的肯定,在这样的家庭氛围中,孩子自然会倾向于去热爱周围的世界,去更多地感受生活中的一切美好。父母给了圆圆正面的榜样和引导,这便是正向的家庭社会化。

7 跟孩子学会表达爱意

主人公：媛媛
年龄：6岁6个月
班级：大班
性别：女孩
分享者：媛媛妈妈

今天是母亲节，虽然在单位加班，但是我一整天心里都很期待，因为媛媛和我说今天晚上会有惊喜给我，那是一份专属于我的母亲节礼物。回想第一次收到媛媛亲手制作的礼物，是在她不到5岁的时候，那也是一个母亲节，我下班回到家后媛媛神秘地跟我说："妈妈，我在你的枕头下放了一个礼物，祝你母亲节快乐！"那是一个用彩泥制作的紫色玫瑰花，小小的，甚至还有些歪歪扭扭的，但是我却很开心、很感动。媛媛告诉我，这是她跟电视上的小伶姐姐学的，做的时候还想到妈妈最喜欢紫色，就做了紫玫瑰。我问她："媛媛，你为什么要给妈妈准备礼物呢，这些礼物代表了什么呢？"媛媛歪着脑袋想了想，说："它代表了我爱你啊，代表了幸福啊！"我看着媛媛送我的礼物，想着媛媛说的话，仿佛有一阵暖流从心田流过，在心田里浇灌出了一朵紫色玫瑰，能够从家人尤其是女儿那里感受到爱，原来是这么幸福啊。

作为一个成人，我是内向而沉默的，很少对家人表达爱意，也不太会制造惊喜与浪漫。而媛媛则不一样，她外向、热情，在这个家庭中像小太阳一样温暖。她对你的爱会从她的每一个拥抱、每一个笑容里感受到，有了她这个家庭仿佛更加温暖。从那天开始，我开始向媛媛学习，学习如何表达爱。暑假期间，我要早起上班，而媛媛则还没有起床。在她的提议下，我们每天都要有一个非常正式的表达爱的仪式：亲亲——抱抱——说再见，就像那首歌里唱的："爱我你就亲亲我，爱我你就抱抱我。"

有时，我还会和媛媛一起为家人制作礼物。媛媛的爸爸因工作关系快两个月没回家了，再过几天就是爸爸回家的日子。好久不见爸爸，媛媛宝贝准备给爸爸一个惊喜，一早媛媛就问我："妈妈，爸爸喜欢什么呀？""爸爸喜欢汽车呀！""那我给他用彩泥做一个警车好不好？""可以啊，这真的是个很棒的主意。"于是，我们先在网上搜索彩泥制作教程，再一起准备制作要用的彩泥和工具。通过媛媛和我的合作，一个多小时后，一辆漂漂亮亮的警车就做好了。随后媛媛又给警车找了个漂亮的包装盒，并在包装盒里面放上了一张手工制作的贺卡，上面写着"爸爸我爱你，欢迎回家"。接着，我们又设计了一张藏宝图，爸爸回家后需要通过藏宝图的线索找出礼物的所在地，这使得获取礼物的惊喜度拉满。除了我，媛媛爸爸也在向媛媛学习，比如在特殊的日子为我们制造小惊喜，这让我们的这个小家庭的氛围更加温暖了。

打开家里的宝藏抽屉，里面装满了媛媛送给家人的礼物——从小小的可爱彩泥，到学剪纸时的各种剪纸，再到会写字之后的各种贺卡。这一抽屉的礼物里面装满了媛媛对家人的浓浓爱意。

▲ 送给爸爸的警车

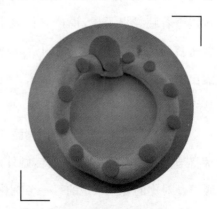
▲ 送给妈妈的漂亮手环

▲ 送给妈妈的贺卡

让爱从心中长出来

  大班孩子已经有与成人、同伴交往与生活的丰富经验,其认知、语言与社会性也到达了一定的发展水平。他们在群体中亲社会行为增加的同时,伴随着成人的鼓励和内在情感的驱动,大胆、多样地向身边的人表达自己的爱这件事情也已陆续酝酿成熟,而在发展过程中,女孩通常又比男孩情感更加丰富、心思更加细腻。故事中的媛媛就是家家户户中典型的"小太阳""小棉袄",在幼儿园里认识各种各样的节日及了解节日的含义和风俗后,能用自己力所能及的方式为节日的主角(尤其是爸爸妈妈)制作礼物,也会直接地表达出自己的爱意和祝福,这给身边的人带来一次次简单的惊喜。

  相较于小孩子而言,成人有着更加成熟的思维和更加稳定的情感联系,也掌握有更多优美的词句,但往往不懂得或是羞于向他人表达真实感情,就像故事里的媛媛妈妈一样错失了许多向家人表达爱的机会。后来,在媛媛的感染和带动下,媛媛妈妈也开始积极参与到为家人制造惊喜这件事上来,陪同媛媛为媛媛爸爸捏警车、设计藏宝图,享受着最温馨的亲子时光。与此同时,同样身处其中的媛媛爸爸,也学会了在特殊的日子里为家人做些温暖的事。我想,勇于表达爱意不仅能让身边的人感受美好,自己也会成为其中的受益者,而这方面孩子是我们的优秀榜样。成人努力让现有的世界多一些真诚与友爱,这也是反向社会化的力量。

第四部分

整个家庭系统及其他社会成员与儿童

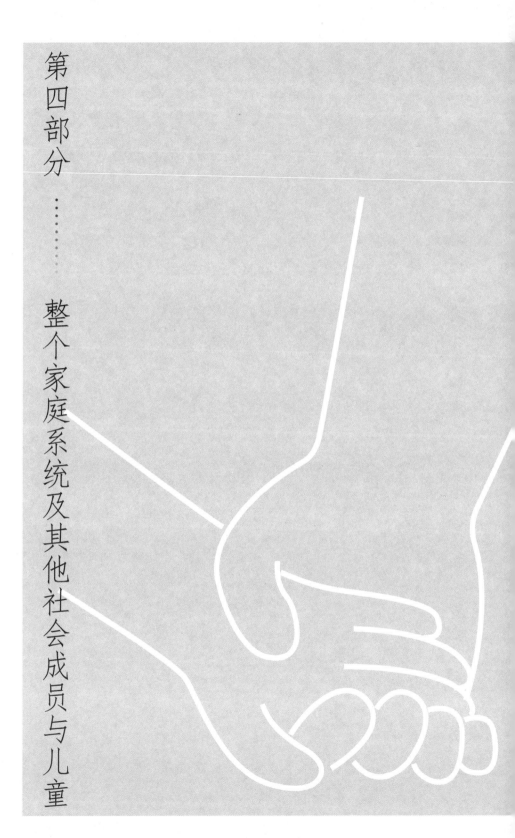

1 "固执"的小茉莉

主人公：小茉莉
年龄：4岁3个月
班级：小班
性别：女孩
分享者：小茉莉妈妈

女儿小茉莉从小大方、开朗，平时对谁都很有礼貌，十分乖巧可爱。随着女儿的成长，尤其是她上幼儿园小班以后，通过日常的一些事情，我逐渐发现当她面对规则时，不再"佛系"，有时甚至有些"固执"，坚决按照规则行事。都说要与孩子共同成长，当面对这样一个小小社会规则守卫者时，我也逐渐对自己的行为进行了反思，从她身上我看到了作为一个社会人应具有并践行的社会责任感。

第一次发现女儿的"固执"，是在楼道的电梯里。之前有一起新闻报道了某地小区电梯里电瓶车自燃的事件，事发现场的视频更是让人触目惊心。记得我当晚回家特意给小茉莉看了新闻报道，并对她进行了安全教育。但时至今日，小区单元里仍然有邻居推着电瓶车进电梯。因为都是"低头不见抬头见"的邻居，要顾及彼此的"面子"，我平时遇到这种情况也不好意思说什么，就直接等下一趟电梯。但有天早上，小茉莉和我们一起坐电梯时，正好遇上

▲ 电梯里"电动车拒绝进楼入户"的提示牌

楼里的王姨要推电动车进电梯。我悄悄拉着小茉莉往电梯的角落靠了靠，谁

知道,小茉莉却挣脱了我的手,向前一步大声说:"阿姨,电动车不能进电梯,会着火的,很危险!"我看见王姨愣了一下,于是赶紧戳了戳小茉莉提示她别说了,但小茉莉却坚持继续给王姨"普及"安全知识。后来出了电梯,我不由得埋怨小茉莉让那位阿姨和妈妈都感到十分尴尬,可小茉莉说:"妈妈,电动车进电梯多危险啊!这是你告诉我的呀。"我抬头看见电梯门旁"电动车及电池拒绝进楼入户"的提示牌,一时竟无言以对。

没过几天,我又在电梯里遇到了王姨,心想幸亏这次她没推电动车,要不又要尴尬了。但没想到她主动和我聊了起来,还说上次孩子说得对,电动车进电梯太危险,物业在地下车库也给配了充电装备,以后还是停到楼下去充电了。听了王姨的话后我还挺惊讶,难道小茉莉说的话还真起到作用了?

通过这件事,我反思了自己"说一套做一套"的行为,明明之前自己告诉孩子什么该做什么不该做,但面对其他人做了禁止的事情时,却为了所谓的"面子"而选择了对这种有安全隐患的行为视而不见,缺乏应有的社会责任感。往小了说,我是个言行不一的妈妈,没有给孩子树立一个好榜样;往大了说,如果我们每个人都因为"面子"而丢掉自己那份应尽的社会责任感——或因"事不关己高高挂起"而冷漠对待,或因怕"多管闲事惹祸上身"而不敢对不良行为说"不",那么社会规则可能都会形同虚设,而最后"买单"的,也许恰恰就是不遵守规则以及像我们这样对不良行为假装视而不见的人。

后来,小茉莉对身边人的影响范围越来越大。有一天下班回家,听奶奶说,她带小茉莉在小区里玩滑板车,路过樱花小道时,她看到落在地上的樱花花瓣,于是停车弯腰拾起了一朵落花,捧在手心里说:"哇,好漂亮呀"。看到孙女这么喜欢,爱孙心切的奶奶就转身伸手在树上折断了一小枝樱花,递给了她。结果小茉莉看到后急得直跳脚,说:"老师说过,不可以随便摘花!"奶奶赶紧安慰她,说没事我们只折一小枝不影响的,但是"固执"的小茉莉不依不饶地说:"每一朵小花都是树妈妈的宝贝,你折断它,它会疼的!(你)要和樱花树道歉!"看她着急的模样,奶奶只好哭笑不得地和樱花树"道歉",说完她一路把滑板车滑得飞快,只为了回家"抢救"这枝被折断的樱花。我听奶奶描述完走到阳台,一眼就看见了被小茉莉插到了花盆里的那枝折断的小樱花。之后的几天里,她坚持每天为小樱花枝浇水,但是没过几天,小樱花枝还是枯萎了,她看着干掉的樱花哭得很伤心,还为这件事跟奶奶闹了"小别扭"。其实像"爱护花草"这样对于成人最简单、最了然于心的"规则",往往也最容易被我们所漠视。在孩子的眼中,大自然是如此的神奇和美丽,他们用最单纯美好的心灵爱护着身边的花花草草。看见小茉莉难过的样子,奶奶也十分惭愧,答应她以后只拾落英,不会再随意采摘花草了。自此,全家人会和小茉莉一起爱护我们的大自然。

▲ 小茉莉看着枯萎的樱花十分难过

其实小茉莉对我们全家的影响远远不止这些,潜移默化的还有很多,比如我们成人常常根据自己的经验"想当然",但其实这些先入为主的想法不一定就是事实。记得有一次,我带着小茉莉在银杏里散步。正走着,小茉莉突然大声对旁边遛狗的人说:"叔叔,狗狗不能进来哟!"我一头雾水,心想以往来时都有人遛狗,就赶快阻止了她说"这里没有禁止小狗来呀",但"固执"的小茉莉坚持说她看见有个牌子是这样写的。可是我一路上并没有注意到有这样的告示,以为她是"小小规则守卫者"的习惯在作祟,就斥责她不应该对他人不礼貌。当时她就哭了,后来也一直闷闷不乐。可没想到,当我们原路返回到门口时,小茉莉拉着我走到一个小牌子旁让我看,我心里一惊,上面真的写着"禁止携带宠物"。我赶紧给小茉莉道歉,为刚才不应该的责备,也为自己的"想当然"。听了我的道歉,小茉莉眨眨眼睛说:"没关系的,妈妈,你刚才没看见这个牌子,因为这个牌子太小太矮了。只有小朋友才能看到哦!"听到她这么说,我的眼泪悄悄地在眼眶里打转,因为自己的惭愧,也因为她的包容而感动。想想平时当她犯错时,我都是教育她半天,可没有这么"轻易"就原谅她了。

▲ 写着"禁止携带宠物"的告示牌

而她面对误解,能够换位思考、体谅包容,我想这又是孩子带给我的一次成长机会。成人在与孩子沟通时,非常容易"想当然",常常以自己认为的想法先入为主、先下结论,没有耐心倾听孩子的想法、了解事情在不同人眼里的差异,从而造成一些误解和误会。而且这样的问题,不仅仅限于与孩子沟通,在社会交往中,我们也常常容易"想当然",不知道为此而造成了多少困扰和误会。想到这里,我不由暗暗下决心,以后无论是与孩子相处,还是与他人交往,都要改掉这个"想当然"的毛病,摒弃自己狭隘的"偏见"。

所谓少年强,则中国强。我想孩子从小有这样的社会责任感和规则意识,往未来看,我们的国民素质定然不会差;从当下看,至少唤醒了我们成人身为社会人应有的责任感,使社会的秩序也有了越来越多的守护者。为此,我们要真诚感谢"固执"的小茉莉给我们带来的反思与改变。

耐心倾听孩子的想法

看完这个故事,坚持原则的可爱的小茉莉的形象生动地呈现在眼前。多可爱的小女孩!纯真,善良,又坚持原则。小茉莉对规则很敏感,从故事里我们可以发现,这与幼儿园的教育相关,也与妈妈的教育有关,还与她对一些规范要求、提示的敏感有关。这就是社会化的作用,从中小茉莉已经掌握了基本的社会生活规范,并且能够坚持用这些规范来指导自己的行为、评判他人的行为。

小茉莉的故事就是从评判他人行为的三个事件展开的。她对认识的、不认识的及自己的亲人都一视同仁,按照标准评判并坚持原则,不讲情面,这是难能可贵的。这也是小茉莉最真诚、最光亮的地方。这是人类最美好的品质,可是,如今很多成人却把原则让给了"面子",在规范面前败退了。

小茉莉的言行教育了所有的当事人。在坚守行为规则方面,儿童真的是成人之师。无论是王姨、奶奶还是遛狗的人,在小茉莉面前都会感觉到内疚,因为在坚持规则方面,他们显然不如小茉莉坚定。成人的道歉是进步的开始,也是反向社会化成效的显现。故事中,妈妈虽然没有违规,但也从小茉莉身上学到很多优秀的品质,如言行一致、观察仔细、宽容无意的过错等,也决定改掉自己"想当然"和"有偏见"的缺点。一个小茉莉,给多个成人以教育和启示。因此,小茉莉对成人的反向社会化主要不是在知识上,而是在坚守规范的品性上,在一视同仁上,以及在对人的生命安全和自然事物的关切上。

2　有自己的喜爱和坚持

主人公：桃桃
年龄：4岁1个月
班级：小班
性别：女孩
分享者：桃桃妈妈

在妈妈的眼里，桃桃是一个特立独行的白羊座小女孩，总是有很多天马行空的想法。她经常把自己想象成故事里的人物，有时候是渴望大海的卡梅拉，有时候是拉弓射日的后羿，还有时候是替父从军的花木兰。我会担心她因为过分沉浸在自己的小小世界里，而忘记了自己的现实社会。

有一次吃晚饭的时候，桃桃和我闲聊，说她今天在幼儿园里给小朋友们讲了故事。我有点惊讶，因为平日在家桃桃虽然喜欢看故事书，但是让她不看书而讲出一个完整的故事还是有难度的。我就问她："你是怎么讲的呀？"她说："老师问，有没有小朋友想给大家讲故事呀？我就举手了。"我又问她："那你给大家讲了什么故事呀？""后羿射日，我最喜欢后羿了，我要讲给小朋友们听。"她不假思索地回答道。对于她给小朋友们讲故事这件事，我还是当面给予了她肯定，毕竟小朋友勇敢地表达自己是一件值得表扬的事情。但是在晚上临睡前，考虑到她现阶段的语言表达能力，怕她误导了小朋友，我还是没有忍住给她讲了一番道理。我说："桃桃，后羿射日这个故事其实挺长的，你看那书都是厚厚的一本，你给小朋友们讲，可以讲清楚吗？"桃桃说："我可以的呀，大家都很喜欢我（讲）的故事。"我看她如此沉浸在自己的小世界里，似乎也感受不到我的顾虑，便作罢，不再引导她。

又隔了一段时间，发生了一件在我看来更夸张的事情。我在桃桃班级的合照中，发现别的小朋友都是比心、微笑着看镜头，只有她拉弓、下蹲、扎马步，做出了后羿射日的姿势。等她回到家后我又忍不住了，便说："桃桃，拍集体照你为什么不能好好站着呢？你看大家都是微笑着看镜头的呀。"桃桃听后委屈极了，她跟我说："可是妈妈，我就是喜欢后羿，我就要当后羿。"看着桃桃委屈巴巴的样子，我有些左右为难，不知该如何给她解释"合群"这个概念。

一天，在和桃桃的朋友嘟嘟一起出游的时候，嘟嘟妈妈告诉我："嘟嘟在家跟她说，桃桃总是在幼儿园给她讲后羿，我倒要看看后羿到底是谁？"于是，嘟嘟让妈妈也买了《后羿射日》的故事书，好好地看了一遍。我笑笑，内心却荡起阵阵涟漪，原来桃桃也有她特殊的影响力。我心想，那到底是桃桃的社会性不够，还是妈妈太"社会"了呢？

除此之外，桃桃也用她的喜好与坚持影响着我们的大家庭，如桃桃与她的外公外婆视频时，也总喜欢讲她刚读过的女娲、夸父……背她喜欢的《木兰辞》，常常弄得两位老人一时反应不过来。一日我与桃桃外婆电话聊天，外婆告诉我，桃桃外公近期在"苦读"《山海经》、重温《木兰辞》，并说"再不补课就跟不上桃桃了"。此外，桃桃外公晚上看电视的时间变成了与桃桃齐头并进的"时光隧道"，每次视频前都要精心"备课"，这给家里增添了很多乐趣。

以上这些事让我陷入沉思。作为家长，我总是教育孩子，在幼儿园里要规规矩矩地听老师话，为人友善，多交朋友。其实在内心里，我就是希望桃桃可以融入社会群体，不能不爱表现、太过羞涩，也不能太爱表现而显得突兀。我给了她太多的条条框框，让她努力去适应环境，却往往忽视了孩子内心的想法，其实只要不违背原则性的问题，去做自己想做的事情就可以了。我为什么要用我认为的"社会方式"，来要求一个孩子呢？她也是一个自主的个体，她长大后也会有属于她的"社会方式"，这是这个白羊座小姑娘给我的对于生活的一点反思。积极选择自己的喜好，热衷于内心的热爱，也是一种勇气。在这样日新月异、纷乱繁杂的现实生活中，有自己的喜爱和坚持实在是一件难能可贵的事情。

社会化是多向的过程

在这个故事中,桃桃的形象是鲜明的,她是一个知道、喜欢并沉醉在古代故事里的小姑娘。桃桃妈妈对桃桃有明确的期待,希望桃桃身上呈现现代社会的人性。桃桃妈妈的心情经历了从担心到放心的过程,这是故事的线索。在此过程中,我们可以看到围绕桃桃发生的多向的社会化过程。

桃桃为什么就看有关后羿和花木兰的书?是谁给她的书?这就是社会化过程,不管有意还是无意,桃桃首先接触的就是这些故事和人物,也许别的儿童看不下去就放弃了,这种例子有很多,但桃桃偏偏看下去、听下去了,还很感兴趣,将自己也投入进去了,经常会处于"入戏"的状态。如果桃桃妈妈认为桃桃太入戏了,要回到现实社会,像其他儿童一样地阅读、游戏和生活,但桃桃已经放不下这些故事了,根源在于这些书吸引了桃桃强大的好奇心。父母应该为孩子选择适合其特定年龄的书,如果为桃桃选的书是适合的,也许她在阅读和表达上有更好的表现。

桃桃在家里讲不完整故事,在幼儿园班级里也讲了,是否完整已经并不重要,关键是把小朋友们吸引住了,甚至有的小朋友也开始关心这些故事了。这就是同辈之间的相互社会化。这说明桃桃并不是沉醉于故事不能自拔的,她与其他小朋友是有交往的,也是受到小朋友接纳的。

真正的反向社会化发生于隔代之间。桃桃和外祖父之间的远程交流经常是以古代故事为主题的,这迫使外祖父去复习这些故事,不然难以深入交流。外祖父的感受一定是很深切的。反向社会化在桃桃妈妈那里的体现,是她从桃桃身上感悟到了坚持的意义,认识到了"积极选择自己的喜好,热衷于内心的热爱,也是一种勇气。在这样日新月异、纷乱繁杂的现实生活中,有自己的喜爱和坚持实在是一件难能可贵的事情"。由此可见,桃桃对两代人都产生了教育和启发作用。

3 说说我有多爱你

主人公：小北
年龄：4 岁
班级：小班
性别：男孩
分享者：小北爸爸

在成人的世界里总有许许多多让人烦恼的事情，你如果仍能保持一颗童心，可能会比其他成人更加快乐、更容易开心。因为儿童有一颗质朴的心，他们用率真的眼光看待周围的一切，用最纯粹的语言表达自己的喜怒哀乐，用最简单的事情使自己开心。自从儿子小北出生后，作为新手父母的我们很紧张，因为父母是孩子成长道路上最初始的引路人，我们小心翼翼地教育他，关注着他的成长。在这个过程中，我们惊喜地发现，小北有很多的行为和语言是通过自己的眼睛、耳朵从最纯粹的感知中学得的。在陪伴快要 4 岁的阳光小男孩成长的过程中，我们也在慢慢被他影响，从中也学到了很多自以为已经丢失的美好事物。

自小北出生后的第一声啼哭开始，让我们的家庭多了一种声音。记得当小北第一次发出类似"爸爸"的声音时，小北妈妈"难过"了好久，心想为什么不是先说"妈妈"。随着小北语言能力的发展，我们鼓励他多去表达，并耐心听完他的每一句话。他像一块海绵一样吸收着各种信息，通过听别人的交流、听故事、看电视、和小朋友玩闹，让家庭里多了很多欢乐的声音。在这个过程中，小北常说的一个字引起了我们的关注，那就是"爱"。

小北从小就喜欢和我们一起看绘本。有一天，小北和妈妈一起看了《猜猜我有多爱你》这本书，看完后他很喜欢，要再看一遍，就这样反反复复看了好多遍。几天后,晚上妈妈在给小北冲奶的时候,他对妈妈说:"妈妈,我好爱你啊!"妈妈心花怒放,问他:"有多爱呢?"小北伸直双臂,用力地说:"这么多!"这时候我也凑了过来,问他:"那你爱爸爸吗?""不爱!"他回答得很干脆,这次,轮到我很"难过"了。妈妈很懂他,告诉他:"你爱妈妈的同时也可以爱爸爸哦。"我便很谄媚地拿出牙刷帮他刷牙,刷完后他看着我说:"我也有点爱爸爸。"我期待地问他:"有多爱啊?"他伸出两只小手,手掌心几乎贴合在一起说:"就这么一点点。"

从那以后,小北陆续开心地告诉我们:他爱奶奶烧的饭菜,爱外婆给他织的毛衣,爱爷爷和外公给他买的玩具,喜欢路上开着的面包车,喜欢幼儿园里的老师,喜欢听朵拉爱冒险的故事……他总是开心地、大声地表达着他的爱、他的喜好,并绘声绘色地描述着。他的这些表达爱的语言强烈感染着我们,给我们带来很大的触动。是啊,我们有多久没有这么简单地去表达自己的爱了呢? 很多时候,我们是不是想得太多,顾虑得太多? 成人世界里的困阻来自各个方面,它们像是一块块砖头堆砌在我们的周围,阻碍着我们用最简单的方式向别人、向自己喜爱的事物表达爱意。在成人的世界里,我们每个人都因为各样的事物相互联系着。我们也喜欢生活在充满爱意、温暖的世界,而不是冰冷残酷的世界。爱需要我们大声说出来,因为爱可以消灭贪婪,爱可以救赎走向歧途的人,爱可以温暖你我,并撒向世界温暖每个人。

小北对爱的表达也改变了我们:我们不再扭捏,遇到欣赏的人或事,我们尝试着直接表达自己的爱意或欣赏;我们收获了更多的快乐,也感受着别人的快乐。今天恰逢母亲节,我和小北妈妈商量后,利用中午和晚上的时间分别给两位母亲烧了一桌菜,并说出"妈妈我爱你"。我们可以感受到,两位母亲对此都有点意外、有点克制,但是这句简单的话都给她们带来了快乐。爱可以轰轰烈烈,让世界被你感动;爱也可以细水长流,让生活变得更好。爱是人生中格外重要的东西,它需要被大声说出来。

慢慢地,我们像小北一样,勇敢大方地表达着自己的爱意;渐渐地,我们也发现生活中的烦恼和不愉快在减少,欢乐的笑声在增多。小北用自己最质朴、最纯粹的语言表达感染着我们。我们相信，小北还会继续给我们带来惊喜，同时我们也很享受向孩子学习的过程。

让爱的暖流在家庭中流淌

人与人之间，人与自然和文化之间，都是有深厚的感情的，人是有感情的动物。在我们的文化中，"有爱不言"是习惯。这种习惯是在社会化过程中形成的，祖祖辈辈的人都是如此。随着社会的发展，随着不同文化的交流，以及随着现代多媒体信息手段的利用，人们对感情的表达已经越来越开放了。这是大众传媒在发挥社会化的作用，这种社会化在一定程度上，促进着个性化，那就是我的感情我做主，我想表达我就表达。

这个故事告诉我们一个反向社会化的案例，那就是小北这个尚未满4岁的孩子如何被社会化的同时又引发反向社会化的过程。年幼的孩子对父母一定是充满感情的，也许一开始他们并不知道那是爱。看绘本和听故事对儿童来说是十分重要的爱的启蒙，基于此儿童在很多行为和情境中感知了什么是爱，并与自己的生活联系起来，他们感知到的爱不能长期存放，没有什么能阻止他们对爱的表达，他们也不会在意成人社会所形成的表达爱的文化和习惯障碍。于是，小北受《猜猜我有多爱你》绘本的影响，获得了表达爱的意识和能力并不断发展，让父母和周围的人感觉到了前所未有的温暖，使爱的暖流在家庭中流淌，改变了家庭生活的氛围和质量。于是，成人慢慢向小北学习，尝试表达爱，产生了明显的效果。因此，对成人来说，有时需要向儿童学习，在此过程中成人可能要克服传统文化设定的屏障，也许要向自己挑战，但要相信，也许儿童的纯真能把我们带往一个新的和更幸福的世界。

4　如果爱，就要勇敢地表达

主人公：大饼

年龄：5岁

班级：中班

性别：男孩

分享者：大饼爸爸

我时常想，不知道是不是一代人的共性，抑或是特定时期的社会文化环境造就了人们独有的行为习惯，就像生于20世纪80年代的父母或许多少都有一些相似的心理特质。我本人是个土生土长的南京人，在我小时候那个物资相对匮乏、科技也不够发达的时光，父母每天起早贪黑不辞辛苦地来回长江两岸，为了每个月几十元的工资打拼。那时我的家境不算清贫，但也不够优越，因此看到好吃的、好玩的，很多时候我只能默默地往肚子里咽口水。偶尔去商场，当我看到琳琅满目的玩具柜台时，父母也只会一边说着"家里都有"，一边紧紧拉着我加快行进的脚步。我上学后，在学校组织春游时看到个别同学包里塞满了饮料、零食着实让人羡慕，但面对父母无奈的眼光，久而久之也就放弃了争取的念头。没错，"学会把某些念头和想法藏在心里"是我从小就学会的"本领"。很多时候，为了不让父母操心和烦恼，我选择了沉默。这种沉默在他人眼里或许容易被认为是"懂事""成熟""稳重"，但只有我自己知道，这种沉默并不是什么好事，因为有时候它让我失去了表达爱的能力。

好在命运是会眷顾那些生命中有着些许遗憾的人，2017年我可爱的儿子大饼呱呱坠地。如今，不知不觉我和大饼已经作为父子走过了5年的时光。或许与一般家长不同的是，5年间我都会通过照片或者视频记录大饼的每一天，记录他的成长、他的喜怒哀乐、他的趣闻趣事等。现在大饼的成长数据库已经快装满一张 2T 硬盘了。对于记录成长这项大工程，我想我作为爸爸会继续坚持下去，直到儿子成家立业为止。

其实，为人父母往往不是在弥补童年的遗憾，就是在延续童年的快乐，这也说明为什么现在很多家长要么"鸡娃上天"，要么"宠娃入地"。我相对冷静，因为我对大饼既有弥补童年的遗憾，又有延续童年快乐的情感，所以在力所能及的范围内，只要是大饼想吃的、想玩的、想要的，我都会尽可能满足。当然，在很多时候我并不是无条件地满足，毕竟也担心把娃宠坏了。然而，我作为爸爸给予大饼更多的还是深度的陪伴，久而久之，我们之间形成了亦父亦友的关系。

▲ 与爸爸妈妈在一起

想到自己儿时养成的"沉默"，我也很担心大饼会像我一样留下遗憾，因此无论遇到何种问题，我都愿意蹲下身来平等地与大饼沟通，就是希望他能够选择"表达"。到目前为止，我觉得这个目标的达成还是很顺利的，经常能听到大饼在吃饱喝足后，或在一起玩完游戏后，或在睡醒刚睁眼看到我后等时候，笑眯眯地对我说："爸爸我超级爱你。""爸爸我想听你讲故事睡觉。""爸爸我想你抱抱我。""爸爸我想……"每当听到大饼的这些话语，我的心里仿佛在一瞬间注入了一股暖流,逐渐融化了儿时那个沉默的自己。慢慢地,我也从默默地微笑着接受,到变得像大饼一样爱"表达":"爸爸也超级爱你!""你是爸爸的大肉肉!""让爸爸抱抱揉揉!"……就这样,不仅仅是对大饼,还有对亲朋好友乃至其他熟识的人,我也开始勇敢地表达自己的积极情感。我的心里仿佛有一束阳光,逐渐变得明亮和炽热,而那阳光的正中间,便是大饼那可爱的小圆脸。

归根结底,这是我对大饼教育的成果吗?我想说,是,但也不完全是。其实最大的功劳应该归属于大饼妈妈,因为她就是一个喜欢表达的人,而大饼也很好地遗传了妈妈的优良品质。虽然她偶尔耍耍脾气,但对我来说,这都是生活的幸福调味剂。除了大饼妈妈,大饼的身边也经常围绕着一群爱他的人,大姨妈、大姨夫、哥哥、外公、外婆、奶奶、太奶奶等。所以我个人觉得,可能是时代造就人,我在自己的童年时代养成了沉默的个性,而大饼所在的时代则让他成为快乐积极、善于表达的人。作为父母,我们就是要学会在教育孩子的同时反思自己,和孩子一起成长,为孩子塑造最好的榜样。

让爱在家庭中循环传递

大饼的爸爸用较多的笔墨叙述了自己的童年,以及童年对自己个性的影响。其实,这就是那个特定的年代,他所处的特定的家庭对他的社会化及后续的影响。其实,在那个经济还没有腾飞的年代,大部分家庭就是处在生存线的边缘,因而大部分儿童的生存状况也是类似的,他们对食物、玩具、图书、游玩的渴求也是相似的。儿童的个性需求,在多大程度上得到实现,一方面受家庭经济条件的制约,另一方面与儿童的表现及父母的"妥协"相关。换句话说,一般"会喊""会争"的儿童获取需求的可能性大一些,其代价是父母牺牲自己或其他子女的需求,因为家庭经济条件不会因子女的"喊叫"而改变。很显然,大饼爸爸选择的不是"喊叫",因为他从父母的眼神和动作里已经看清了家庭状况与需求之间的关系,这意味着他已经社会化了。童年时的他理解了当初的家庭处境,选择了不表达自己的需求,选择了"沉默"。

如今大饼生活的时代是一个幸福的时代,他受到很多人的关爱,也不乏童年所需求的基本条件。所以,大饼能像一个真正的儿童那样生长,会自然流露想表达的一切。大饼的这种表现触动了爸爸,在对照自己的童年的过程中,大饼爸爸意识到了自己该做什么和如何做。大饼爸爸不再沉默、不再羞于表达,这一方面是受大饼的影响,一定程度上是受大饼可爱的表现感染,尤其是大饼的真情表达,另一方面也是对自己童年的回顾和反思,从而更投入地陪伴和记录大饼的日常生活。这个故事有反向社会化的意味,也有正向社会化的意义,还有大饼父母之间的同辈人直接或间接的相互影响。

5　我们向儿童学习什么

主人公：谦谦
年龄：9岁
班级：小学三年级
性别：男孩
分享者：谦谦妈妈

谦谦目前三年级，是班级里的"发言之星"，在年年获得的奖状中必有此项。同时，他也挑起了班级活动主持、国旗下讲话代表的大梁，甚至是各科老师公开课的"指定答题人"。作为小学生的妈妈，我不止一次地和小学老师、同班家长交流过，孩子的表达能力不是短期养成的，其培养关键期就在于幼儿园的三年。作为家长我们从未给孩子报过口才班，唯一做的事情——让孩子做我们的老师。

崇拜自己的老师

刚进入幼儿园的时候，谦谦还是一口标准的"南普话"（南京普通话），这是因为他3岁以前都是和爷爷奶奶一起生活的。小班开学的第一天，当谦谦看到和家里布置完全不同的教室时，眼神中充满了新奇，但最吸引他的还是杨老师、程老师的"范儿"。小小的孩子并不能理解什么是老师，只是觉得这两位老师，坐得直直的，双腿并拢，双手放齐，一开口就说出"小朋友们好！"这短短的一句话就是那么好听。谦谦从第一天去幼儿园开始他就知道了，老师和爷爷奶奶不同，也和爸爸妈妈不同。但是，对于不同在哪里，这个刚上小班的孩子并不知道。

在他上小班的时候，我和谦谦爸爸由于工作原因不能天天回家，于是，我就撒娇似的对谦谦说："妈妈上班很累，我也想去那么漂亮的幼儿园，麻烦你到幼儿园后问问,能不能让妈妈也去上幼儿园。"很快,谦谦带来了答案:"妈妈,大人不可以上幼儿园。""哎呀,那怎么办,我小时候没有上过幼儿园,我很想在幼儿园里学本领,你可以模仿一下你的老师,我来做你的小朋友,可以吗?"于是,谦谦成了我们的"老师"。无论谦谦教我们什么内容,我们所有的反馈都是聚焦在比较积极的内容上,如"你们老师可真棒""妈妈都不会洗手,老师教得真好""天啊,你们老师太好玩了"……

一般来说,小班的孩子难免会不想去幼儿园,可是在我的记忆里,谦谦每天去幼儿园都是非常开心的,因为那里有比爸爸妈妈还厉害的老师,还因为能上幼儿园就很高兴,成为老师的好孩子更是一种很高的荣誉。让孩子喜欢幼儿园,崇拜他的每一位老师,是我们家长需要做的第一步,也是最重要的一步引导。

自己来做老师

每个家庭的情况都不同,我们家的几位老人都是非常传统、朴质的老者,每天在家的话题更多的是日常生活的琐事。为此,我们在家里给谦谦搭建了一个足够大的舞台——让他当全家人的小老师。

从谦谦上小班后的第 2 个月完全适应幼儿园生活开始,我们家的小"课堂"就开始了。等他放学回家,家里的小板凳会摆成一排,爷爷、奶奶和"坐得"整整齐齐的布娃娃,都在等着谦谦老师上课。

"今天,我们吃虾,小朋友们会剥虾吗?我来教你们……"

"小朋友们,今天特别冷,我看见你们都穿了厚厚的外套,你们会扣小扣子吗?我来教你们……"

"今天,我们要做一个有趣的游戏,老师我准备了一个鸡蛋、一个框框……"

"今天,我们学了一个故事,叫龟兔赛跑……"

▲ 谦谦是全家人的小老师　　　　▲ 谦谦分享蛋宝宝的秘密

从小班到大班,当谦谦老师开始教学的时候,家里就没有爷爷奶奶,也没有爸爸妈妈,家里只有谦谦老师的"小朋友们"。爷爷奶奶最辛苦,很多时候一边担心着正在炖着的汤,一边还要积极举手回答问题,努力配合好谦谦老师。如果是我和谦谦爸爸参与,我们还会给谦谦老师制造点小麻烦,如故意下座位、故意提出问题……谦谦的表现真的是一次次地不断进步着,从口齿不清、口水横飞,到可以完整地复述一个小故事,再到后来可以说清楚一个小道理,或者讲清楚一个游戏的规则。这都是日积月累的力量。

让孩子做我们的老师,可以让他自己在上课的时候仔细观察老师的动作、认真听老师的表达,从而淡忘了所谓的入园分离焦虑;让孩子做我们的老师,他会在向我们表达的时候,努力回想老师教的小本领、讲的小故事,既能锻炼记忆力,也提高了模仿的能力;让孩子做我们的老师,我们的认真听讲与积极配合,也给了他充分的自信心。"看,我能去最好的幼儿园,我还能把知识带回来给我的爷爷奶奶、爸爸妈妈,我可真厉害。"这句话,谦谦虽然没有说过,但是我们是可以时刻感受得到的。

如今,我们不是每天都会开设小课堂,而是根据情况保证每周开设3—4次,有时候还会通过网络在线给外公外婆上课。作为家长,我们在当"小朋友们"时要做的,就是不打断、不批评,忽视孩子有时那些条理不清的思路、忽略那些发言不清的语言,让这位小老师勇敢地去表达。哪怕孩子只有一句话、一个小小的分享,我们也要真诚地去告诉孩子:"你的老师真棒,妈妈谢谢她教会你这么多。""你也很棒,我觉得你刚刚说的就像是杨老师在上课一样,原来我的孩子这么厉害啊!"

当表达成为习惯

在谦谦进入大班以后,班级里的"鸡娃"家长开始给孩子报各种课程("双减"后的家长可能会没有此焦虑),我们也难免焦虑。还记得谦谦在中班下学期的一天,我预约了某培训班的面试,特意向老师请假,带谦谦去参加。就在去面试的路上,谦谦问我:"妈妈,我一定要去补习班吗?我觉得我们的老师非常好,已经教我们数数字了,我的画画也很棒。"谦谦爸爸问:"那你觉得你可以继续做我们的小老师吗?爸爸有个小要求,因为你要上小学了,课堂的时间会比幼儿园长,那你的小课堂可以逐步延长时间吗?""我觉得我可以。"于是,快到某培训班门口的一家三口,转头去了公园。截至今日,已是小学三年级的谦谦也没有踏进过培训班的课堂。

从谦谦上大班开始,我们会让孩子在复述课堂前想一想,并引导性地教他使用顺序词,如首先、其次、然后、最后。如果是数学课,也会请他回忆一下,老师用的是小木棒还是小圆片?我们启发他可以借用工具把知识点说得更清楚。我们也会引导他想一想老师是弯着腰上课吗?老师上课不会也揉鼻子、抠牙齿吧……就这样,文章一开头说的老师的"范儿"也就慢慢地展现出来了。

为了支持谦谦老师的"教育事业",我们家里还买了块小黑板,而坐在下面的学生已经由爷爷奶奶,完全替换成了爸爸妈妈。这里要分享一下我的心得:从大班起孩子开始接触语文类的小故事、数学类的数字,爸爸妈妈的介入会比爷爷奶奶更好地知道孩子的薄弱点,在"课后"可以进行即时的补充。

▲ 小黑板前的小老师

在大班下学期的一天,谦谦说在幼儿园自己主动去画了龙虾这个图案。他说其实他并不想画龙虾,因为他也不会画。可是同班的小朋友都不愿意上台画龙虾,杨老师有点着急。他当时想到自己给爸爸妈妈上课提出问题时,如果爸爸妈妈都不给他回答,他会很着急。于是他就主动去尝试画画龙虾。这个时候,我第一时间在内心感叹:谦谦你真棒,学会共情的能力了。但是,我在语言里却表达出另一个意思:"谦谦,妈妈也不会画龙虾,我们搜索下龙虾怎么画吧。"在这件事情上孩子刚开始的不情愿做是因为他不会做,虽然尝试了,但是畏难的情绪依然存在,为此,我先帮他解决问题,睡前再输出对他的赞扬。

就这样,这个小小的小孩,如今也已经穿着身高150厘米的校服,每天乐呵呵地去学校。未来,在学习的路上依然会有太多的问题在等着我们。世界那么大,强者那么多,如果舞台上没有我们的孩子,那么"向孩子学习"永远都是我们父母可以给孩子搭建的舞台。

谦谦从幼儿园毕业已经3年了,但是田野课程的教育理念却一直在他心中。在幼儿园期间,老师是播种者,进入小学后就可以从孩子身上看到小小的种子开始发芽了。作为"过来人"的分享,希望可以让家长朋友拥有不同的视角,重新审视孩子在幼儿园期间的行为。我也希望能宽慰所有的爸爸妈妈,每个孩子都会有很多问题,可是每个孩子都是"花","花"开不同,你我共勉。

虚心向孩子学习

从谦谦妈妈的分享中,我们不仅看到了小男孩谦谦的不断进步,更看到了谦谦家长的教育智慧。当谦谦的家人主动向孩子学习的时候,反向社会化正在悄悄地发生。在这个故事中,谦谦的家人将"向孩子学习"作为一种亲子互动的方式,作为一种促进和巩固孩子学习的有效策略,真正地发挥了"反向社会化"可推动孩子和家长共同成长的积极作用。

如何更好地向孩子学习?谦谦的父母与孩子的互动过程无疑可以作为广大家长的学习榜样。他们对孩子的积极反馈和耐心引导,让人很自然地联想到马克斯·范梅南所说的"教育的情调"。① "情"即是"敏感",是指教育者能够以教育的视角去看待孩子身上所发生的事情,敏感地察觉孩子的进步和发展需要;"调"即是"机智",是指教育者能够因材施教,灵活地面对孩子的变化,及时作出调整,不断地鼓励孩子,即便是孩子面临"糟糕"的情况,也要给予孩子信心。

谦谦妈妈对孩子做小老师时的积极反馈和鼓励、爷爷奶奶端坐在小板凳上等待"谦谦老师"课堂开课、爸爸妈妈故意给谦谦制造点课堂"小麻烦"、引导谦谦观察和学习班级老师的动作和语言、不批评也不打断谦谦的课堂节奏、尊重谦谦不报课外班的自我选择、根据谦谦的发展水平为他提供适宜的发展支架(到了大班对谦谦的语言、数学等方面提出更高的要求与更多的指导,及时扩充相关知识)等,这一系列教育行为无一不体现出谦谦家长的育儿智慧,拥有教育情调的家长形象自然而然地显现。

其实,拥有教育情调的家长也是真正尊重孩子和欣赏孩子的家长,这也是家长之所以能够向孩子学习的重要条件之一。已有研究表明,在那些孩子能够充分表达自己的意见、家庭成员积极交流的沟通环境中,孩子更有可能影响家庭成员的决策。② 谦谦父母和孩子的平等沟通、充分尊重推动了反向社会化的产生,"向孩子学习"在他们的日常生活中时时刻刻地存在,并不断地推动着孩子和家长的相互促进与共同进步。

---

① [加]马克斯·范梅南.教育的情调[M].李树英,译.北京:教育科学出版社,2019:3—4.
② Easterling, D. Miller, S. Weinberger, N.. Environmental consumerism: A process of children's socialization and families' resocialization [J]. *Psychology & Marketing*, 1995,12(6):531-550.

6　慢悠悠的墨墨

主人公：墨墨
年龄：5岁5个月
班级：中班
性别：男孩
分享者：墨墨妈妈

墨墨是一个慢热型的男孩，如果想鼓励他去做一件事情，用"做得好就有奖励"或"做不好会受到惩罚"的方式来施压，很多时候是无效的。有很长一段时间，我非常担忧他这种"没有进取心"的态度，但渐渐地发现，他其实在自己节奏里成长着，而且还是一个很讲道理的孩子。我们还时常能从他的言语中获得反向教育。比如：

"妈妈，你不用和别人一样，不要和别人比，用自己的方法做好就可以了。"

"妈妈，你不是说不能躺在床上看书吗？那你为什么躺在床上看书呢？"

"爸爸，遇到困难不要着急，着急不容易做好事情。"

"外婆，你如果像我一样喜欢学习、喜欢看书，你也能学会很多知识，要把学习当成一件快乐的事！"

这些都是墨墨在日常生活中对家里人的"批评"和建议，对此我们会虚心接受并感谢他的教育，同时告诉他，成人也会犯错误，犯了错误没关系，努力改正就好了。

有时候我们自己在谈话或做事，希望墨墨不要在旁边捣乱，就让他去玩一会儿，却会得到他这样的回应："我喜欢听大人聊天，这样等我长大了我也会聊天。""我仔细观察大人是怎么照顾我的，这样我就知道该怎么照顾妹妹了。"我们感到很意外,但又觉得十分有道理,便容许他在一旁观察。

墨墨对我们的反向教育,除了从行为上给我们有所启发,最了不起的是他身体里蕴藏的能量,撼动了我们的人生观、世界观。这主要体现在以下三个方面:

一是与自然为友,放慢生活脚步。性格慢悠悠的墨墨,常常会在半路上停下脚步,蹲在地上观察蚂蚁,或者抬头注视一棵树,似乎听不到成人的催促声。他这种"不听指令"的行为也一度让我非常焦虑。如果我问墨墨在看什么,他就会把自己观察到的自然界的趣事讲给我听,而我十分配合地表现出很欣喜的样子。后来,墨墨总是主动和我交流他的新发现,长此以往,我竟深受其感染,开始拉着他的小手,一起去找寻大自然的奥秘。在这个找寻的过程中,我特别放松,原本喜欢抓紧一分一秒去工作和学习的我也学会了享受生活。

二是保持好奇心,探究万物成因。墨墨喜欢做科学实验,他的脑袋里装着"十万个为什么",弄不懂的问题就要让我帮忙上网查查。比如,有一天他突然问我:"我坐在车里,车子往前开,我看见树都往后退,但是为什么月亮会跟着我一起走呢?"又有一天,晚上九点多,墨墨发现天上有一团红色的云,并且红色的云会被飘过的乌云遮住一部分,他兴奋得不得了,那时候已经不是傍晚,"一定不是晚霞,让我查查那到底是什么"。其实在帮他查阅资料或者咨询别人的时候,我的好奇心也完全被带动起来了,也一同感受到世间万物的奇妙。

▲ 浩瀚宇宙

三是做一粒尘埃,徜徉星辰大海。一次偶然的机缘,我们让墨墨接触到了天文知识,从此便一发不可收拾,从太阳系到多元宇宙,从行星、恒星到黑洞、中子星、双星系统、三星系统,他迷恋上了跟宇宙有关的一切知识。我想播放动画片给他看,让他和小朋友们有一些共同话题,他看几分钟后就会问我能不能不看了,并强烈要求换成天文科普类视频。于是,我在各大视频网站搜索,并陪他一起观看那些我从未关注过的纪录片。曾经仅能说出八大行星中文名的我,现在竟也可以和天文台的老师们聊上几句相对专业的话题。此外,我会带着墨墨一起到空旷的地方观测恒星,会算好空间站过境的时间和角度去守候那个"亮点"掠过星空,会畅想太阳演化成白矮星的时候人类会在哪里……原来,我们身体里的每一种元素,都来源于宇宙的演变,相比于整个宇宙,我们只是用这些元素组成的小尘埃。既然我们人类属于宇宙中的偶发事件,为什么不珍惜自然馈赠给我们的家园——地球?我们又有什么理由不好好地生活、不稳稳地抓住幸福呢?

我终于理解了,墨墨并不是没有进取心,他只是不急功近利、不随波逐流,他有着自己的追求。想到这里,我们愿意跟随他的脚步,一同享受当下。

跟随孩子的脚步

故事中,对一般孩子都能起到作用的奖励与惩罚机制到了墨墨这儿却丝毫不见效,这引起了妈妈的担忧——墨墨会不会没有进取心。其实不然,孩子常常不是成人以为的那样,他有自己的节奏。就像墨墨,他将成人教导他的话语运用到日常生活中,既要求自己,也监督他人;他告诉妈妈做好自己就好,告诉爸爸遇到问题不着急,告诉外婆把学习当成快乐的事才能学到知识;他面对成人提出的回避要求,也会颇含自身道理地去解释在场原因,活脱脱地就像个小大人。除此之外,墨墨亲近自然、好奇好问、徜徉星辰,这些都是天性使然。孩子天生对很多事物有不同于成人的特别感知,又能关注到许多细微之处,他们丰富多彩的内心世界值得成人去呵护和探索。

墨墨妈妈虽然一开始对凡事慢半拍的墨墨充满担忧,但也能不急不躁,积极关注孩子的变化。在陪伴墨墨成长的过程中,受他的感染与影响,妈妈也学着放慢脚步,走到大自然中去放松自我;伴随着查阅资料的过程,体验到万事万物的奇妙;在了解天文知识的同时,反思活在当下的真谛。这无疑是反向社会化的典型案例,它由孩子的"能"与成人的"愿"共同促成:墨墨独特的心灵世界决定了他能积极影响成人,而妈妈具有反思的自觉性,则决定了反向社会化的真正落实。

7 保持孩童般的心

主人公：捷捷
年龄：5岁10个月
班级：大班
性别：女孩
分享者：捷捷妈妈

在捷捷结束中班学习的暑假期间，有一天我带她去体育场玩，发现有小朋友在玩滑板，捷捷看得很入迷，目光一直跟随小朋友的动作不肯离开。于是，我问她："你想试试吗？"她回答道："我想。"我说："这个可能会很难哦，或许还会摔跤呢。"捷捷小时候在遇到困难时偶有畏难情绪，我以为她会选择放弃，没想到，她坚定地看着我说："妈妈，我还是想试试，不试试看怎么知道呢？"于是，我跟小朋友商量并借来滑板给捷捷体验一下。令我惊讶的是，捷捷真的玩得非常认真，一开始由于不得要领，连在滑板上站立都无法做到，她就主动去向小朋友请教方法。当天回家后，捷捷跟我说："我可以拥有自己的滑板吗？我明天还想学习。"在拥有滑板后的每天早晨，捷捷都会去体育场练习滑板，在坚持不懈的努力及朋友们的热心帮助下，暑假结束时，捷捷已经可以进行直线滑行了。

自从玩滑板之后，捷捷仿佛从中找到了突破自己的勇气和信心，对于以前没有做过的事情都想去尝试，慢慢地又有了第一次洗碗、第一次做饭、第一次打羽毛球、第一次打乒乓球等，每次尝试也都可以做得像模像样。以前容易弄掉东西的她，洗

▲ 大班时，捷捷在小区玩滑板

碗的时候却一次都没有磕坏，并且连水池都会洗得干干净净，为此奶奶表扬捷捷干活比妈妈还要细致呢。现在的捷捷，会在我的指导下用儿童厨具炒菜给家人吃，能用儿童球拍跟我打几个来回的羽毛球，还可以用乒乓球拍做几个颠球。捷捷不再对新鲜的事物畏畏缩缩，不再一失败就言弃，因为她从自己的努力中获得了收获。不断尝试形成的勇气及尝试后的收获构建成了一个良性循环，使捷捷能勇敢地去学习、去探索。

一次次的进步让我对这个5岁多的小朋友刮目相看，因为她从一个畏惧未知、害怕犯错和有一点困难就要放弃的孩子，成长为一个勇于尝试并且坚持探索的小勇士。伴随着孩子的成长，我也开始反观自己，在生活中、工作中，是否还有这种"初生牛犊不怕虎"的勇气？对于未知事物是否还有勇于尝试的冲劲？面对失败是否还有持之以恒、坚持到底的韧劲？答案是否定的，也许年少时曾经有过，但是不知道从什么时候起已经在成人的世界中丢失了很多，现在的我经常因为害怕失败而畏手畏脚甚至选择逃避。

在生活中，拿业余爱好舞蹈来说，我虽然十分喜爱跳舞的感觉，但是却一直停留在基础班的课程上，不敢去尝试进阶班的课程，害怕跟不上舞蹈班同学们的进度。反观这些，我应该向捷捷学习，学习她积极面对新的挑战的勇气，毕竟没有努力的过程哪来结果？即使短期达不到自己的目标，我也相信只要坚持努力、敢于尝试，总会迎来收获的那一天。在工作中，更需如此，我在面对新的任务、新的工作时，应勇于承担、积极主动，而不是回避。当我遇到困难时，要不害怕、不退缩，积极努力地摸索、寻找解决方案，相信失败是通往成功的基石，通过不断地试错一定能找到最满意的答案。

其实捷捷对我及家人的影响远不止于此。由于信息时代的开启，大家多多少少都有些过度依赖电子产品，闲暇时间总是拿着手机"刷"个不停，彼此之间缺乏交流……捷捷在上了大班以后，对于手机有了初步的认识，便在家里提出要求："为什么你们大人不让我用手机，自己却一直在玩，看手机对眼睛不好，你们不可以一直看手机！"于是，我们学会了离开手机，全家人一起去做一些事。我们渐渐地发现，散步、郊游和锻炼的时间被"挤"了出来；家人之间的交流互动多了起来,包容和理解也随之提升了很多。

我想,孩子对于我们的意义,不仅是家的延续与黏合剂,更是一种希望和力量。伴随着孩子的成长,我们不仅能再重新回味孩童身上春笋般的活力和韧劲,而且我们在自己前行的路上若还能保持孩童般的心,或许更能收获片刻宁静和一缕阳光。

"突然"的成长

孩子的发展既有连续性又有阶段性,如在中班结束的暑期,故事中的主人公捷捷在探索新事物、迎接未知挑战上取得了较大的进展。从妈妈的描述中,女儿一改过去的畏难情绪,主动提出要学滑板,途中尽管遇到问题,也大胆请教小伙伴并能够坚持下来,不得不为捷捷不经意间的成长又惊又喜!我们不难想象,这个5岁多开始用勇气换收获的小女孩将会在接下来的生活中表现出更多的探索欲望和勇敢自信,也学着用积极的心态尝试新事物和面对过程中的失败。正如妈妈提到的不久之后捷捷的第一次洗碗、做饭、打球,以及带头找回隐藏在手机背后的亲子时光等,探索的过程与收获的体验一样,令小家伙越发着迷与向往……

这个故事看似是捷捷"突然"的成长,其实不然,这样的改变其实也是建立在先前学习和生活经验的积累上的,也就是捷捷在幼儿园、家庭、社区的环境中,与老师、同伴、家长等人的交往中,逐渐展开的成长过程,这就好似小幼苗在阳光和肥料的滋润下冲出土壤的那段生命历程。而捷捷的勇敢与进步让妈妈也开始反思自己在生活中、工作中那些未尽的尝试和坚持,且有意识地去重拾孩童时那份"初生牛犊不怕虎"的勇气,面临困境不退缩、不逃避,勇于挑战与突破自我,并保持坚持到底的韧劲。因此,做父母是辛苦的,同时也是幸运的,能够有机会在伴随孩子成长的过程中,反观自身,重新出发。

8 向儿童学习——不试试怎么知道呢

主人公：小布
年龄：7岁
班级：小学一年级
性别：男孩
分享者：小布妈妈

"向儿童学习"，看到这一题目，我的脑海里一下子蹦出的就是小布常常对我说的一句话"不试试怎么知道呢！"

小布是个好奇心很强的孩子，对很多事情都喜欢去摸摸、碰碰、探个究竟。记得他一两岁的时候，我们带他回老家，因为是夏天，太奶奶在家里点了蚊香。这个小家伙从未见过蚊香，见到这个亮晶晶的东西，伸手便上去摸，结果小手上烫了一个泡。这一次的经历给他长了教训，但并没有影响他什么都想探究的热情。

2岁半的小布进入了幼儿园宝宝班，从宝宝班到大班，幼儿园四年的学习、生活给了他很多探究的机会，也帮助他养成了凡事总要亲自去试一试的习惯。

小布上中班时，他们班开展"地底下的世界"田野主题活动，老师充分尊重孩子们的兴趣，鼓励孩子们自主探究他们感兴趣的内容。小布最感兴趣的就是地下的管道。在幼儿园里，他和小伙伴们一起寻找管道、用管子搭建地下管道；平时走在路上，每看到一个窨井盖，他都要我带着他读一下上面的字，和我讨论一番这个管道是做什么用的。

▲ 小布在幼儿园里寻找管道

在我们回家的路上有一幢楼房,小布发现那座楼房的外墙面上有三根并排着的不同颜色的管道,他很想知道这三根管道分别是做什么用的,可惜我也不清楚。于是,一天晚饭后,他特地让小布爸爸陪他去看,父子俩站在墙边研究了半天,总算搞清楚了三根管道的作用。小布爸爸在化工厂工作,有一天在看工厂的图纸。一旁的小布看到图纸上纵横交错的管道,简直入了迷,围着爸爸问个不停。看完之后,他拿出纸来也要设计一个工厂。爷爷在旁边笑着说:"你能设计出什么东西来呀!"小布一脸认真地对爷爷说:"不试试怎么知道呢! 你就等着看吧。"那段时间,小布每天从幼儿园回来就设计他的管道工厂,然后津津有味地给我们讲解,还真的很有想法呢!

▲ 小布设计的自来水管道

▲ 小布绘制的故事书

▲ 小布设计的通往高楼里的管道

小布现在上小学一年级了,前段时间航天员在太空给青少年上课,他兴致勃勃地坐在电视机前观看,在看到王亚平老师做了一个"液桥实验"后,他也找来杯子接了一杯水要做实验。我告诉他:"你做不起来的!"小朋友说:"不试试怎么知道呢!"他用清水尝试了几次都没有成功,但他没有放弃,又找来胶水加进去,还真的成功了。小家伙说:"我说的吧,你不试试怎么知道呢!"接着,他又想要像航天员一样飘浮起来,当我露出为难神情的时候,他又说:"不试试怎么知道行不行呢?"

总之,小布不仅自己遇到事情总是要试一试,他还会鼓励家人也这么做。他想要爷爷陪他一起玩一个手机上的游戏,爷爷说:"我不会玩!"小布说:"你不试试怎么知道呢!"我和小布一起去学游泳,我没有他胆大,很害怕水,小布像个小老师一样教我怎么做动作、怎么呼吸,我说:"我做不到。"小布鼓励我说:"你不试试怎么知道呢!"是呀,孩子都能勇敢地尝试,作为大人,我真应该向小布学习呢!这么想着,我鼓足勇气将自己闷进水里。当我从水里出来的时候,小布说:"你做到了吧!要试试才能知道行不行!"

是呀,我们的生活中充满了各种未知数,有时候作为成人,我们总会事情还没做,就先想着各种困难,给自己的退缩找各种理由。其实,很多事情就像孩子说的一样,"不试试怎么知道呢!"我们大胆地去尝试了,不管成功与否,就已经是向成功迈进了,说不定就成功了呢!

在孩子的激励下勇于尝试

小布是个勇敢的探险家和冒险家,"不试试怎么知道呢"是他的行事原则。他大胆、主动地探索世界,在尝试新事物、完成任务时爆发出巨大的能量。好奇是孩子探索世界的内在驱动力,小布勇于将自己的想法付诸实践,不断试错,不怕失败。而成人往往会利用已有经验来评判事情的可行性和困难度,并为其设置阈值。一旦超过预想中的阈值上限,成人就会优先将时间和精力分配给其他更具可行性的事件之上,这是功利主义导致的结果导向。成人畏惧探索未知,因为成人无法用已有经验预测结果,而在孩子眼里未知是神秘的、值得探索的。小布妈妈在小布身上看到了勇敢尝试的宝贵品质,并且受到了这种勇敢尝试、不断试错态度的影响。小布向家庭成员们传达了"不试试怎么知道呢"的价值观,如小布鼓励了妈妈尝试游泳,鼓励爷爷尝试手机游戏,于是家长们开始突破自己为自己设置的限制,勇敢地尝试对自己来说比较陌生和具有挑战性的事情。"不试试怎么知道呢"的勇于尝试精神从孩子传达给了家长,这是反向社会化描绘的美好家庭社会化图景。

9 "老车迷"和"小车迷"

主人公：贺贺
年龄：5岁4个月
班级：中班
性别：男孩
分享者：贺贺爷爷

我的孙子叫贺贺，他是一个"小车迷"，能认识很多不同类型的汽车及大型机械车，并熟知各种车的品牌和产地。只要见到车，他就能根据车标说出车的品牌名。在平时的接触中，我也向他学习了很多有关汽车的知识。

从贺贺开始上幼儿园开始，我从山东老家来到南京，负责每天接送孩子上、下幼儿园。开学的前一天，我带贺贺去"东水关纪念馆"游玩。一路上，他显得很兴奋，看到路上跑的车和停在公路两旁的车，都能根据车型、车标叫出车的品牌名，连车牌号都能清晰地说出来，并根据车牌号判断出是哪个省份的车。他用手指着路边停着的一辆车，对我说："爷爷，你看这辆车的车标外面是一个上面宽、下边窄的梯形，里面像两个小猴子爬杆，这是'荣威'的车标，这辆车是我们山东枣庄的。"

我感到很惊奇，问他："你怎么知道的？"。

他指着车牌号自信满满地说："你看它的车牌号是'鲁D'，'鲁'代表山东，'D'代表枣庄，所以是我们山东老家的车。"

我们来到"东水关"小广场，贺贺逐一地说出停在小广场四周的各种车的品牌。突然，他指着其中的一辆车问我："爷爷，你知道这辆车是什么牌子的吗？"

我实话实说："不知道。"

他对我说："这辆车的名字是'保时捷'，它是电动轿车，充上电就能跑，不烧油,既节省能源又保护环境。"

我很纳闷,他怎么知道这么多？这时他指着车牌接着说:"爷爷你看,这辆车车牌是绿色的,而其他轿车的车牌是蓝色的。蓝色是烧油的,而绿色就是电动的哦。"

我当时感到很意外,不过更多的是惊喜,因为我以前只关注车的大小、颜色,但从未注意过车标、车牌等有关车的知识,可以说是一个"车盲"。

我便问他:"你怎么认识这么多车呀？"

他骄傲地说:"因为我特别喜欢车呀!"我想这就是我们所说的兴趣爱好吧。

回到家里,我把这个事情说给儿子、儿媳妇听,他们告诉我:从贺贺一岁多就发现他特别喜欢汽车,于是给他买了各种类型的汽车玩具和图书。《认车标》《小车迷贴纸》《交通工具》等书籍,他每天都很认真地学习、阅读。每当出门时,他会把在书本上学到的知识与看到的汽车"对号入座"。他现在认识这么多汉字与他认识车标有直接关系,应该是互相促进、相辅相成的吧。

这件事使我深受启发和激励,贺贺这么小就掌握了那么多有关车的知识,而我自己却一窍不通。我下定决心要向贺贺学习,与时俱进,补上这一课。

于是我对贺贺说:"爷爷要向你学习,也当一个'车迷',你做爷爷的老师好不好？"

他听后很有成就感,高兴地说:"好呀爷爷,我可以天天教你。"

▲ 爷孙俩一起学习

▲ 分辨电动车　　　　　　　▲ 分辨燃油车

就这样，我们达成了协议，除了爷孙关系外，又多了一层"师徒"关系。

为了进一步了解有关车的知识，我们又订购了《路标》《交通规则》《急救中心》《车迷大全》等书籍，爷孙俩一起学习，共同提高。现在贺贺知道"119"是消防车，消防员叔叔是救火的；"120"是救护车，医生是治病救人的；"110"是警车，警察叔叔是抓坏人的，有困难时可以去找警察叔叔……

我们家的楼房紧靠大路，楼下的路面上正在建地铁。他几乎每天坐在飘窗上，隔着玻璃进行观察，并对照书本，认识了挖掘机、钻地机、打桩机、推土机等工程车。

一年多来，我虚心向贺贺学习，提高很快，但由于年龄大了，记忆力衰退，我就随身携带一个小本子，把不好记的或者较生疏的车名随时记在小本子上，然后慢慢消化直至掌握。经过努力，我也学到了很多有关车的知识，真的是活到老学到老。我相信，做任何事贵在坚持，有志者事竟成。

因疫情幼儿园停课，在这期间，我们规定每天半小时的学习时间，现已将学习内容扩展到各种跑车、赛车等类别上。每当我们学得入迷时，贺贺奶奶就会打趣道："我们家有两个'车迷'，一个'小车迷'，一个'老车迷'。'小车迷'还是'老车迷'的师傅呢！"这话惹得全家哈哈大笑。

活到老，学到老

　　这个故事体现了贺贺是一个"小车迷"，他对车的痴迷是他沉浸其中的内在驱动力。贺贺对车的兴趣和热爱使得他不断探索、汲取有关车的新知识，并在日常生活中将实物与自己的知识建立联系。孩子是在生活中学习的，贺贺追随自己对车的兴趣，在生活中发现的、看到的车都是孩子经验的来源。另外，新知识的来源还包括书籍，书籍作为一种大众媒体向孩子传达了广泛的、丰富的信息资源，孩子阅读书籍也是社会化的一种过程。

　　贺贺爷爷受到贺贺对车的痴迷的影响，也开始对车感兴趣。由于贺贺相较于爷爷有着更丰富的车方面的知识以及更强的探索欲和求知欲，他在与爷爷共同学习中承担了主动学习者和教授者的角色。爷爷不仅向贺贺学习与车有关的知识，也在向贺贺学习对知识的渴求和热情投入的态度。爷爷开始通过记笔记、反复学习、阅读书籍、观察生活中的车辆等方式进行学习，这就是反向社会化。而在爷爷与贺贺形成的学习共同体中，贺贺和爷爷都是积极主动的学习者，积极建构自己对各种"车"的认识。后来，他们设置了每天半小时的共同学习时间，从一开始的孩子一个人的学习，变成了孩子与爷爷一起的学习共同体。这就是反向社会化对家长的推动作用，而家长的改变也会影响孩子的发展。

10 "林间的小孩"

主人公：加菲
年龄：6 岁
班级：大班
性别：女孩
分享者：加菲妈妈

"我更喜欢在屋里玩，因为只有屋里才有电源插座。"——这句话来自一个不知名的孩子。

"我的妈妈是一位生态探险家，她用脚步丈量着中国与世界，遇见了无数神奇的生物。我的妈妈是一个科普工作者，她把自己从荒野带来的信息传播到城市的每个角落。"——这句话来自我的孩子。

▲ 江边生态探险

因为我的工作的原因，加菲从小就是个"林间的小孩"。清晨 5 点，当别的孩子还在被窝里呼呼大睡时，她已经带着望远镜和我出门观鸟了；太阳高照,当别的孩子在屋里吹空调时,她可能已经与我蹲坐在江边监测了数小时的江豚;夜幕降临,当别的孩子在乐呵呵地看动画片时,她可能还打着电筒和我在山上寻找各种夜行生物……她是一个"奇怪"的"动保"小孩,飞鸟走兽、蛇虫鼠蚁这些让人不敢接近的生物对她来说都是无害且可爱的,并且她一直觉得通过她的志愿工作可以带领大家去拯救世界。

思维

加菲参加的第一次非正式志愿服务是在2017年的南京科技馆。那年,我在南京科技馆举办了"我们生活在南京"野生动物摄影科普展,在展览上,我们的老师正在进行长江江豚的科普讲解。台上的老师讲得很认真,但是在台下的小听众却一片嘈杂,老师显得非常沮丧。就在这时,说话还不是特别利索的加菲突然走上了宣传台,拿起了扩音器,用稚嫩的声音说:"大家好,我是一个志愿者,今天我给大家说一说长江江豚,长江江豚是生活在长江里的鲸鱼……长江江豚和我妈妈一样高,比我妈妈胖一些……因为我们乱丢垃圾并且和它们抢吃的,它们有的生病了,有的饿死了……希望你们可以和我一起保护长江江豚,谢谢大家。"这时,台下说话的小朋友们全部安静了,还有小朋友举手提问。这让我们突然意识到,并不是孩子们不懂礼貌或不愿意听我们的讲解,而是我们的老师向孩子们灌输科普知识时,完全没有意识到孩子们根本没有听懂。所谓科普,应当是对科研成果的"翻译",而不是科研成果的"转述",对小朋友讲时需要使用他们能听懂的语言。这件事至今还作为我们的科普案例,在每一次志愿者培训会上都会讲述。

▲ 江边观鸟

▲ 守护江豚

方法

加菲参加的第一次正式志愿服务是2018年在红山动物园的灵长动物区。因为她的哥哥是那一年红山动物园的优秀志愿者,所以每次志愿者讲解都会带着她。在哥哥的潜移默化下,她也爱上了聪明的红毛猩猩并申请了志愿服务。我其实并不相信她能成功,因为灵长区的基础讲解稿就有5 000字,同时还要分辨各种猩猩、长臂猿、猴子,这绝对是个挑战性极大的工作。结果到了工作那天,她拿了几张提问卡(哥哥帮忙准备的,我也没看懂上面画的是什么符号),同时带了一堆小贴纸当礼物,采用提问、发奖品的方式进行讲解,取得了话语的主动权,规避了她知识量不足而引发的讲解不全面的风险。成人总是受到思维模式的限制,在我心里,认为讲解就是要把5 000字背下来,然后一段一段地讲给游人听。我并没有意识到一道问题可以有多种解决思路,讲解如此,学习也是如此。此后,每当孩子们"解题"过程和我心中的过程不一样时,我都会先问一问自己,他们的做法是否也是一种思路?

勇气

当讲解结束看到有人投喂猩猩时,加菲对我说:"妈妈,我们去阻止他们,乱投喂食物猩猩会生病的。"在我正在为我们没有穿志愿者制服是否会引发矛盾而犹豫时,加菲和她的哥哥已经毫不犹豫地走了过去,礼貌且坚定地告诉对方:我们是志愿者,您的行为对动物健康有害,请停止投喂。我看到有些游客小朋友还在认真地问他们为什么投喂有害,并且得到了答案。我相信,下一次这些被科普过的小朋友也会站出来阻止自己的父母或别的游客的不文明行为。

▲ 参加为江豚建食堂的爱心义卖活动

▲ 和哥哥一起参加志愿服务

坚持

鸟类救助、江豚观测、蝴蝶调研等,自此,加菲走上了环保小达人之路。踏实地工作、认真地学习,这是一个生命影响另一个生命的过程。慢慢地,她的同伴们也知道了中华虎凤蝶是一种像小老虎的蝴蝶,红花酢浆草是外来入侵物种,巴西龟如果不想养了也不能扔进池塘里,小鸡孵化需要21天,遇见不认识的虫不要踩死,南京的蛇没有毒所以不用害怕,不要往海里扔垃圾因为会伤害海龟,长江江豚比熊猫还少需要保护……在幼儿园毕业时,因为她的长期宣传,班上的小朋友们一致决定,一起举办一次为长江江豚建食堂的公益义卖活动,并将公益义卖所得款项捐给长江江豚保护协会,为自己的幼儿园生活画上完美的句号。

加菲只是一个平凡的小孩,这个孩子在林间一天天长大,她把她所看的、所学到的都分享给了身边的每一个人,这些有趣的记忆会成为种子,在将来的某一天,某一月或是某一年,终将生根发芽。

相信儿童的"环保能力"

加菲是一个在母亲影响下,从小参与观察野生动物、保护珍稀动物,以及进行动物保护和动物科普的小姑娘。加菲的思维清晰、能力强,也有胆量,能勇挑重担及义务服务。

加菲妈妈从思维、方法、勇气和坚持四个方面介绍了加菲的表现,并感觉到从孩子身上学到了不一样的思维方法、做事方式、勇敢精神和坚持的品质,认识到孩子不只是学习成人的知识,他们也会创造自己的方式。其实,加菲所经历的一切对所有成人来说,都是有教育意义和启发意义的。爱护动物应该从每一个人做起,如果我们每一个人都像加菲一样积极参与环保,并自觉保护环境,就一定能让我们自己生活在更加舒适的环境中。

后记

《向儿童学习——家庭反向社会化案例研究》终于完成了。儿童反向社会化是一项复杂的研究,需要长期的坚持和努力。我们将进一步扩展和深化这一研究,从家庭反向社会化案例研究转向幼儿园反向社会化案例研究。最后,我们再从案例研究转向反向社会化过程和机制的研究。我们要在总结和分析的基础上,进一步深入研究儿童反向社会化的条件、机制和价值。

在《向儿童学习——家庭反向社会化案例研究》即将出版之际,我们特别感谢南京市太平巷幼儿园和香山路幼儿园家长们的积极参与,感谢太平巷幼儿园孟凡、杨柳、刑雯、金经老师及香山路幼儿园刘悦、李芬、王颖、张寅韬、王亚楠老师为本书付出的劳动。感谢陈丽玉、沈茜同学参加了部分案例分析的讨论和书写。感谢华东师范大学出版社领导及编辑的支持和帮助。

虞永平

2023 年 5 月